Rosen

Alle Rosen, die in
diesem Band abgebildet
sind, wurden von der
Autorin Éléonore Cruse
in der »Roseraie de Berty«
(Ardèche) kultiviert.

31. August 2005
Brixen / Bastian / Südtirol

Rosen

Fotografien Paul Starosta
Text Éléonore Cruse

Aus dem Französischen von
Aglaia Citron und Petra-Andrea Hinz

KNESEBECK

Rosen

Inhalt

für André Ève

Apfel, Johannisbeere, Himbeere sind die Früchte von Apfelbaum, Johannisbeerstrauch und Himbeerstrauch. Doch Rose bezeichnet nicht die Frucht des Rosenstrauches, sondern seine Blüte. Und wer kennt nicht die an Böschungen und Feldrändern als wildes Gestrüpp wuchernde Heckenrose, deren kleine, rote Früchte die Kinder im Winter gerne sammeln und die auf der Haut wie Juckpulver kratzen? Auf den ersten Blick sehen alle Heckenrosen gleich aus, aber näher betrachtet bilden sie sehr verschiedene Blüten, Früchte und Blätter aus. Die Kulturrosen haben sich dagegen längst auf Bahnhofsvorplätzen, in Gemüsegärten, in Vorstadtgärtchen sowie langen Laubengängen von Schlossanlagen, auf alten Friedhöfen wie in öffentlichen Parkanlagen etabliert. Seit uralten Zeiten erliegt der Mensch dem Zauber der so gut duftenden, schönen und zarten Blumen – trotz ihrer Triebe voll aggressiver Stacheln. Ob Wildrosen oder Gartenrosen jeglicher Blüte, alle Rosen tragen den Ehrentitel »Königinnen der Blumen«. Und wie alle Königinnen haben sie eine Geschichte: Dynastien, offizielle Vermählungen, geheime Verbindungen, bekannte und verschleierte Geburten, Erbfolgen, Legenden.

Von der Wildpflanze zur Alten Rose

Die Rose gehört zu der Familie der Rosengewächse *(Rosaceae)*, die auch andere Kulturpflanzen wie etwa Äpfel, Birnen, Kirschen, Pflaumen und Erdbeeren umfasst. Anfänglich existierten Rosen freilich nur wild wachsend. In der Natur gedeihen diese Sträucher vom nördlichen Polarkreis bis nach Abessinien, aber es gibt keine Rosenart, die ursprünglich auf der südlichen Halbkugel heimisch ist. Im Laufe der Zeit haben die Wildrosen genetische Veränderungen erfahren, deren Anfänge relativ unbestimmbar bleiben. Danach hat das Eingreifen des Menschen ihre Form und ihren Wuchs merklich verändert und unzählige Sorten geschaffen.

Anhand bestimmter morphologischer Merkmale kann man die Alten Rosen von den heutigen modernen Rosen unterscheiden. Letztere Sorten haben große, glänzende, aus fünf Fiederblättchen zusammengesetzte Blätter, die in einigem Abstand voneinander an den Trieben angeordnet sind. Ihr Aussehen unterscheidet sich von einer Sorte zur anderen nur wenig. Bei den Alten Rosen hingegen kann die Beschaffenheit der Blätter je nach Sorte verschieden sein; sie bestehen aus zahlreichen kleinen Fiederblättchen. Die Stiele der heutigen Rosen mit ihren kräftigen Stacheln sind gerader und fester als die der historischen Rosensträucher. Deren biegsame Triebe hängen oft über und sind von einer Vielzahl kleiner Stacheln bedeckt.

Der ungeordnete Wuchs und das dichtere Blätterkleid der Alten Rosensorten erinnert an die Wildarten. Diese Ähnlichkeit wird unterstrichen, wenn man sie nur wenig zurückschneidet. Bei den Teehybriden und den Remontanten ist es besonders schwierig, historische und moderne Rosen auseinanderzuhalten.

Überdies haben fast alle Alten Rosen neben ihrer Schönheit außergewöhnliche Qualitäten, etwa eine Resistenz gegenüber mangelnder Pflege, Krankheiten und schwierigen Standortbedingungen – Eigenschaften, die heute sehr gefragt sind.

Klassifizierung der Rosen

Die beste Möglichkeit, sich mit den verschiedenen Kategorien von Rosen vertraut zu machen, bieten die botanischen Gärten, wo die Pflanzen namentlich gekennzeichnet sind. Manchmal wird auf den Schildchen ihr Entdecker oder Züchter genannt, in einigen Fällen wird sein Name in lateinischer Form sogar zum Namen der Art. Ein Beispiel:

Rosa hugonsis heißt der Rosenstrauch, den Pater Hugo, ein Missionar, 1899 in China entdeckte. Die botanischen Rosen gelten als Vorfahren der Alten Rosen. Sie definieren die Sektion, zu der diese Alten Rosen gehören.

Einige Rosen stammen von einer Art ab, die selbst das Ergebnis einer Kreuzung zweier Arten ist – eine Hybridenart also. In einem solchen Fall steht auf dem Etikett etwa: *Rosa* X *alba* 'Celestial'. Die Sorte 'Celestial' ist aus der Gruppe der *Rosa* X *alba* hervorgegangen, die selbst schon Hybriden sind. Dafür steht das »X«.

Bei jenen Rosen, die nur durch den Namen der Sorte ohne Angabe des Einführungsjahres oder des Züchters gekennzeichnet werden, handelt es sich um die ältesten Rosen. Sie gehören gewissermaßen zu unserem botanischen Kulturschatz. Ihre genaue Abstammung ist unbekannt, und sollten sie aussterben, wäre es unmöglich, sie wieder nachzuzüchten. Für die Erhaltung bedrohter Rosensorten ist es deshalb wichtig, für ihre Vermehrung zu sorgen.

Die ältesten Sorten erkennt man nicht nur an ihren reizvollen altmodischen und literarischen Namen, sondern auch an den charakteristischen Merkmalen ihrer Art: die Beschaffenheit, Form und Farbe der Blätter, die Dichte der Belaubung, die Ausformung der Kelchblätter und Blüten, die Stiele und Stacheln und schließlich der gesamte Wuchs der Pflanze. Ihre Namen werden in diversen alten Büchern erwähnt. Fehler beim Artenvergleich anhand dieser Bücher sind dabei jedoch nicht ausgeschlossen.

Die Altersbestimmung (bzw. das Datum der Registrierung) der Rosen ist ein anderes nicht ganz einfaches Thema. Einigkeit herrscht darüber, jedes Datum, das in einem Werk Erwähnung gefunden hat (das Datum der Züchtung oder das Datum der Einführung, das heißt die Kulturnahme der Sorte in einem bestimmten Land) genau zu dokumentieren. Dennoch sind wir manchmal gezwungen, einfach »vor 1800« anzugeben; zum Beispiel, wenn von der Geschichte dieser oder jener Rose nur bekannt ist, wann sie zum ersten Mal schriftlich erwähnt wurde. Eine ungenaue Etikettierung ist auch eine häufige Fehlerquelle. Die Rosen können verschwunden oder einfach umgepflanzt worden sein, ohne dass eine Neu-Etikettierung erfolgt ist. Eine botanische Sammlung erfordert eine dauerhafte Pflanzen- wie Datenpflege; leider müssen heute alle Rosengärten mit finanziellen Schwierigkeiten leben.

Eine kleine Sammlung von Rosenbiografien

Für jede in diesem Buch vorgestellte Rose sind wesentliche Informationen zusammengetragen worden, die sozusagen ihre kleine, persönliche Biografie ausmachen. So ist unter der Rubrik »Abstammung« die Herkunft der jeweiligen Sorte angegeben: entweder ist sie das Ergebnis einer Selektion von Samen, das Ergebnis einer spontanen Mutation infolge verbesserter Kulturbedingungen, das Ergebnis einer zufälligen Hybridisierung durch Bestäuber (Bienen oder Wind) oder sogar jenes einer vorsätzlichen und kontrollierten Kreuzung. Jede Rose hat ihre eigene Geschichte. Für manche Sorten sind ausreichend Informationen vorhanden, um den Züchtungserfolg zu datieren, die Rosenzüchter zu benennen und um die Elternpflanzen anzugeben (vorausgesetzt, sie wurden nicht geheim gehalten). Seit dem 19. Jahrhundert liefern die Dokumente und Kataloge der Baumschulen genaue Angaben.

Häufig werden dem Namen einer Sorte ein oder mehrere Synonyme hinzugefügt. Da die Bezeichnung der Sorten von einer Gegend zur anderen variieren kann, sollten alle Synonyme aufgeführt werden, nicht nur, weil es sich um wichtige Elemente zur Identifizierung der Rose handelt, sondern auch, weil sie einen nicht zu verleugnenden nostalgischen Charme besitzen.

So wird zum Beispiel die Sorte 'Cuisse de Nymphe' (in Frankreich der gebräuchlichste Name für diese schöne, seit dem 16. Jahrhundert kultivierte Rose) auch 'La Virginale', 'La Royale', 'La Séduisante', 'Rosier Blanc Royal', 'Maiden's Blush' (in England am gebräuchlichsten) oder *Rosa carnea* und *Rosa rubicans* genannt.

Wie bitte? Mit dem Latein am Ende?

Reiseandenken

Unsere Gärten wären arm, hätten Reisende nicht aus fernen Ländern allerlei Sämereien und Stecklinge mitgebracht – dabei galt: je exotischer, desto attraktiver. Im 13. Jahrhundert gelangten die 'Officinalis'-Rosen im Pferdetross des Kreuzfahrers Thibault IV. Graf der Champagne von Syrien nach Frankreich. Die chinesische Rose *Rosa* X *odorata ochroleuca* ('Parks Yellow Teascented China') begleitete Anfang des 19. Jahrhunderts Mr. Parks und Mr. Fortune in der Sänfte und auf dem Schiff bis nach England. Rosen aus China überquerten nach einem Umweg über Indien den Ozean und machten auf der

Insel Réunion (damals Bourboneninsel) Zwischenstation, wo sie von Siedlern zu Rosenhecken angepflanzt wurden. Es kam zu spontanen Einkreuzungen mit der ganzjährig blühenden *Rosa damascena*. Damit entstanden aus den chinesischen Rosen die ersten Bourbonrosen. Ein gewisser Monsieur Bréon schickte sie vermutlich auf dem Postweg nach Paris, wo Monsieur Jacques, der Gärtner Louis-Philippes, daraus Nachfahren zog. Die Brüder Noisette experimentierten mit Sämereien und tauschten sie aus; in der Folge wurde die Sorte 'Noisette Carnée' aus den Vereinigten Staaten von Amerika nach Europa gebracht.
Damals gelangten Rosen aus dem gesamten asiatischen Raum nach Europa. *Rosa multiflora* und *Rosa rugosa* wurden in Japan gerade zu der Zeit entdeckt, als berühmte Rosenzüchter wie die Franzosen Cochet und Gravereaux an ihren Hybridisierungsreihen arbeiteten. In der Folge fanden sie in ganz Europa und den USA Verbreitung. Wir besitzen nun eine Vielzahl an Rosen, die landestypische Zuchtmerkmale und die Namen ihrer Entdecker tragen ('Pater Soulié' für *Rosa soulieana*, 'Madame Fedtschenko' für *Rosa fedtschenkoanae*). Heute reisen sie mit dem Zug oder mit dem Flugzeug und verstecken sich manchmal im Gepäck oder in den Taschen von passionierten Liebhabern. Schließlich sind viele tausend Sorten in zahlreichen Ländern, auch auf der Südhalbkugel, heimisch geworden. Das größte Rosarium der Welt befindet sich heute in Kapstadt.

Menschenfamilien und Rosenfamilien

Die Schönheit und Vielfalt der Wildrosen haben den Menschen zwar stets erfreut, dabei aber immer auch das Bedürfnis geweckt, ihre Beschaffenheit zu verändern. Ein Züchter hat große Freude daran, die Formen der Rosen durch künstliche Hybridisierungen zu manipulieren. Dazu wird Blütenstaub einer Sorte auf die glänzenden Narben einer anderen Sorte aufgetragen. Die Schwierigkeit besteht darin, optimal geeignete Elternpflanzen auszuwählen.
Die sich bildenden Samen werden ausgesät, anschließend trifft der Züchter unter den Sämlingen nach von ihm festgelegten Kriterien eine Auslese. Dies nimmt mehrere Jahre in Anspruch. So ist die Kreation einer neuen Sorte oft die Arbeit mehrerer Generationen leidenschaftlicher Rosenzüchter: Der Vater übergibt dem Sohn die ersten Resultate einer fruchtbaren, aber unvollendeten Zuchtauslese.

1845 fand in Lyon die erste große Rosenausstellung statt. Sie entwickelte sich zu einem Forum, auf dem die Rosenzüchter bis heute alljährlich ihre lohnendsten Neuschöpfungen im Rosengarten »Parc de la Tête d'Or« vorstellen. Unter diesen Pionieren der botanischen Genetik hatte jeder wie ein Künstler seinen eigenen Stil und sein Spezialgebiet: In Frankreich arbeiteten Familien wie die Guillot an den Teerosen und schufen die erste Polyantha. Die Familie Pernet-Ducher konzentrierte sich, von *Rosa foetida* ausgehend, auf die Schaffung dauerblühender gelber Rosen. Sie erhielt 1908 'Rayon d'Or', die heute aus den Kulturen verschwunden ist. Die Familie Nabonnand aus Golfe-Juan schenkte uns wunderschöne Rosen in Kupfertönen, die von den Chinarosen abstammen. Zu nennen sind außerdem die Familien Moreau-Robert, Vibert, Chedanne, Verdier und natürlich die Familie Gravereaux, der wir die einmalige Rosensammlung von L'Haÿ-les-Roses bei Paris verdanken. In England revolutionierten Henry Bennet und Anfang des 20. Jahrhunderts Reverend Joseph Pemberton und seine Angehörigen die Welt der Rosen mit der Kultivierung der Moschushybriden. In Luxemburg sollten die Gebrüder Ketten genannt werden; in Irland Dickson und Mc Gredy; in den USA die Firma Jackson & Perkins; in Dänemark Petersen und Poulsen. In Deutschland prägte die Familie Kordes die moderne Rosenzucht so stark, dass man bereits von *Rosa kordesii* spricht. Mit diesen zuletzt genannten Züchtern beginnt die moderne Ära der Rosenzucht. Gleichwohl suchen die Rosenzüchter weiterhin die Vergangenheit nach prächtigen, noch unbekannten Herrlichkeiten ab, um neue Rosensorten zu erhalten.

Die ewige Suche nach Schönheit

Die Züchter der Alten Rosen waren, ohne es zu wissen, wahre Künstler: die gelungene Anordnung der Kronblätter und die Zeichnung der Krone waren zum Beispiel vorrangige Merkmale verführerischer Zuchterfolge. Nicht etwa die Aussicht auf finanziellen Erfolg motivierte sie zu ihren schwierigen Untersuchungen, sondern reiner Idealismus: Das Bild, das sie sich von der Vollkommenheit oder der Schönheit der Rose machten und der Rausch der Düfte bestimmten die Auswahl der Pflanzen. Sie waren auch Dichter und Verleger, denn sie gaben ihren Kreationen einzigartige und ausdrucksvolle Namen aus der Mythologie, der Literatur, der Geschichte oder manchmal solche, die sie an ihre Lieben erinnerten. Niemand kam zu dieser Zeit auf die Idee, den anderen zu kopieren. Deshalb war es gar nicht nötig, ihre Züchtungen zu schützen. Im 20. Jahrhundert ist der Beruf Rosen-Baumschulgärtner zu einem Metier geworden, das Modeströmungen, kulturellen Einflüssen und ökonomischen Erfordernissen genauso unterliegt wie die Welt der Kunst, Innenarchitektur und Mode. Heute ist die Züchtung von Rosen durch Verordnungen geregelt. Eine Rose muss sich gut verkaufen, denn zahlreiche abgeleitete Berufszweige hängen davon ab: Gärtner und Landschaftsgärtner, Floristen und Parfümeure. Doch wie durch ein Wunder ist die symbolische Bedeutung der Rosen von diesen monetären Gesichtspunkten unberührt geblieben.

Ein kleines Buch für eine lange Geschichte

Wir haben uns entschlossen, die Rosen nicht nach ihrer Verwandtschaft, ihrer Verwendung oder ihrer Farbe, sondern nach ihrem zeitlichen Auftreten zu ordnen. Diese Entscheidung erlaubt es, durch die Geschichte der Rosen zu wandern. Nehmen Sie also dieses kleine Buch in die linke Hand und lassen Sie vorsichtig mit dem Daumen die Seiten »defilieren«, um von den jüngsten Sorten (hinten) bis zu den ältesten Rosen (vorne) zu gelangen. Danach blättern Sie in der richtigen Reihenfolge um: Von einem Rosenporträt zum nächsten werden Sie begreifen, wie sich die Kronenform entwickelt hat, wie man von der natürlichen Einfachheit zu sehr komplizierten Blüten übergegangen ist und wie man sich heute vielfältigen Richtungen hin öffnet.
Jede vor 1920 entstandene Rose darf zu den Alten Rosen gerechnet werden. Doch Rosen sind keine Museumsstücke, und so werden in diesem Buch auch einige nach diesem Datum entstandene Sorten vorgestellt, die aber direkt von Alten Rosen abstammen. Der Gartenliebhaber kann je nach seinen Neigungen und seiner Motivation dieses kleine Büchlein verwenden, um einen Louis-Philippe-Rosengarten zu rekonstruieren, für ein Gebäude aus dem 18. Jahrhundert einen zeitgemäßen Rosengarten anzulegen oder auch, um einen thematischen Rosengarten zu schaffen: mittelalterliche Blumenornamente, romantische Laubengänge, Blumenbeete aus den 1930er Jahren, alle Fantasien sind erlaubt! Eine schöne Art und Weise, diese lebenden Kleinode zu feiern, die durch die Jahrhunderte ihren berauschenden Duft der Ewigkeit in unseren Gärten ausgeströmt haben.

Rosen

Wildformen und botanische Rosen

Rosen

Wildformen und botanische Rosen

Was versteht man unter Wildrosen? Es sind Arten der Gattung *Rosa*, die in der Natur vorkommen und zur lokalen Flora zahlreicher Regionen gehören. Manche, die sehr oft zu finden sind, werden als dornige Sträucher ohne Interesse wie Brombeergestrüpp und Schlehen vernichtet. Andere sind weniger häufig; man trifft sie höchstens in der vom Menschen unberührten Naturlandschaft: im Gebirge, auf den Weiden, in Wäldern oder entlang von Wasserläufen. Sie treten oft in Gruppen auf, das heißt an einem Standort, an dem die klimatischen Bedingungen für sie besonders geeignet sind und wo sie sich zu Populationen entwickeln konnten. Noch andere sind sehr selten geworden. Wenn man sie auch noch in einigen botanischen Gärten finden kann, so ist es nicht sicher, dass noch genügend Individuen in der Natur überleben konnten. Es existiert keine offizielle Bestandsaufnahme.

In der Natur kann man auch spontane Mutationen entdecken, die »Formen« genannt werden, sowie Hybridisierungen zwischen einzelnen Arten.

Nur das Klima der Nordhemisphäre hat die Ausbreitung der Wildrosen erlaubt. Man hat sie also nur auf dieser Halbkugel verzeichnet: ungefähr 140 Arten, verbreitet vom nördlichen Polarkreis bis zu dem Breitengrad, der Süd-Äthiopien, Indien und China durchquert. Die reisenden Botaniker insbesondere des 19. Jahrhunderts haben uns mit den Rosen bekannt gemacht. Denn wenn sie sorgfältig gepflegt werden, können sich diese Wildarten auch an die klimatischen Bedingungen zahlreicher Gegenden der Südhemisphäre anpassen.

Alle Wildrosen haben ein gemeinsames Merkmal: Sie besitzen fünf Kronblätter, mit Ausnahme einer einzigen Art, die nur vier Kronblätter entwickelt. Sie wurden in der Natur gesammelt, und manche von ihnen wurden in Kultur genommen, miteinander gekreuzt und dann ausgesät; dies erlaubte es, ihre Merkmale zu verändern, die Anzahl ihrer Kronblätter zu vermehren und so verschiedene Sorten zu erhalten. Gleich um welche Rosen es sich handelt: Alle Gartenrosen stammen von Wildarten ab.

23) *Rosa farreri persetosa*

24) *Rosa rubiginosa*

25) *Rosa rubrifolia*

27) *Rosa primula*

28) *Rosa virginiana*

29) *Rosa X mariae-graebnerae*

23)

Sektion: *Caninae*

Rosa farreri persetosa

Aus Samen, die ein gewisser Mr. Farrer 1915 aus China mitbrachte, keimten junge Pflanzen, unter denen der Züchter E. A. Bowles diese auswählte. Der englische Name 'The Threepenny Bit Rose' spielt auf die wie Miniaturen wirkenden Fiederblättchen an. Knospen und Blüten sind erstaunlich klein – was umso mehr überrascht, als sie an einem imposanten Strauch sitzen. Das Holz ist fein mit Stacheln besetzt, der Wuchs ist elegant.

Abstammung: China
Wuchsform: Strauch, 2 bis 3 m
Frostresistenz: ***
Blütezeit: Juni, NR
Blütendurchmesser: 1,5 cm
Früchte: klein, braun

24)

Sektion: *Caninae*

Rosa rubiginosa

Syn.: **'Rosier Rouillé'**, **'Sweat Briar'** (in England)

Eine der bei uns am häufigsten zu findenden Heckenrosen neben *Rosa canina*. Sie unterscheidet sich durch das kräftigere Rosa ihrer Blüten und den unverkennbaren Duft nach grünen Äpfeln beim Zerreiben ihrer Blätter. Sie bevorzugt kalkige Böden.

Abstammung: Europa
Wuchsform: Strauch, 2,5 x 1,5 m
Frostresistenz: *** (bis –25°C), bevorzugt aber Wärme
Blütezeit: spät blühend, Juni, NR
Blütendurchmesser: 3 cm
Duft: **
Früchte: eiförmig und behaart

25)

Sektion: *Caninae*

Rosa rubrifolia

Wegen der purpurroten Farbe ihrer Triebe und Blätter ist dies sicherlich die am leichtesten zu identifizierende Wildrose. Sie wächst in den europäischen Gebirgen in einer Höhe von bis zu 2000 m und hat einen großen dekorativen Wert. Neben der ungewöhnlichen Farbe ihres Blattwerks werden auch die blutroten Kronblätter und die orange- bis mahagonifarbenen Früchte geschätzt.

Abstammung: Europa
Wuchsform: Strauch, 1,5 bis 3 m
Frostresistenz: *** (bis –25°C)
Blütezeit: Juni bis Juli, je nach Meereshöhe, NR
Blütendurchmesser: 3 cm
Duft: angenehm (Blüten und Blattwerk duftend)
Früchte: eiförmig und braun

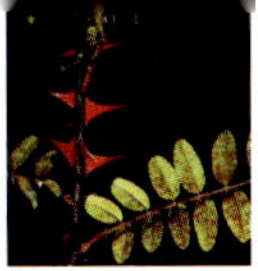

27)

Sektion: *Pimpinellifoliae*

Rosa primula

Diese Rose wurde 1910 von dem amerikanischen Sammler F. N. Meyer entdeckt. Sie wächst als aufrechter, imposanter Strauch mit purpurroten, stark bewehrten Trieben. Die auf die ganze Länge der Triebe verteilten Blüten sind gelb wie Primeln. Ihr Laub besteht aus aus zahlreichen Fiederblättchen und setzt einen köstlichen Duft nach Weihrauch frei.

Abstammung: Turkestan, Nordchina
Wuchsform: Strauch, 2 bis 3 m
Frostresistenz: *** (bis –25°C)
Blütezeit: Mai, NR
Blütendurchmesser: 4 cm
Duft: *** (Blüten und Blätter)
Früchte: rund, mahagonifarben, hinfällig

28)

Sektion: *Carolinae*

Rosa virginiana

Diese 1807 aus Amerika eingeführte Art blüht reichlich, aber nur für kurze Zeit. Dafür färben sich ihre glänzenden Blätter im Oktober purpur- bis mahagonifarben, und ihre zahlreichen und glänzend roten Früchte sind bemerkenswert. Weil sie Wurzelschösslinge bildet, kann sie schnell überwuchern.

Abstammung: Nordamerika
Wuchsform: wuchernde, schlanke Triebe, 1 bis 2 m
Frostresistenz: ***
Blütezeit: Mai bis Juni, NR
Blütendurchmesser: 3 cm
Duft: angenehm
Früchte: leuchtend rot und eiförmig

29)

Sektion: *Carolinae*

Rosa X mariae-graebnerae

Diese Gartenhybride zwischen *Rosa palustris* (s. S. 32) und *Rosa virginiana* (s. S. 28) wird wegen ihrer Wuchskraft und ihres dunkelgrünen, gesunden Blattwerks, das sich im Herbst färbt, sehr geschätzt. Sie bildet an ihrer Basis Wurzelschösslinge.

Abstammung: Gartenhybride, wahrscheinlich amerikanisch
Wuchsform: dichter und runder Strauch, 1 m
Frostresistenz: ***
Blütezeit: Juni, in den Sommer verlängert
Blütendurchmesser: 5 cm
Duft: ***
Früchte: den Winter überdauernd

32) *Rosa palustris*

34) *Rosa moyesii*

36) *Rosa willmottiae*

37) *Rosa multibracteata*

38) *Rosa gallica*

40) *Rosa macrantha*

32)

Sektion: *Carolinae*

Rosa palustris

Diese 1726 eingeführte Rose wächst spontan auf sumpfigen Standorten. Dennoch verträgt sie auch drainierten Boden sehr gut und neigt dazu, Schösslinge zu bilden. Ihre länglichen Fiederblättchen sind charakteristisch für Pflanzen feuchter Standorte.

Abstammung: Nordamerika
Wuchsform: Strauch mit biegsamen Trieben, 1,5 bis 2,5 m
Frostresistenz: ***
Blütezeit: spät und in den Sommer verlängert
Blütendurchmesser: 6 cm
Duft: angenehm
Früchte: kirschrot und rund

34)

Sektion: *Cinnamomeae*

Rosa moyesii

Diese wunderschöne botanische Heckenrose wurde 1890 in Westchina entdeckt. Sie trägt karminrote Blüten, in denen goldbronzene Staubgefäße leuchten. Der Wuchs ist gerade und schlank, das feine Laub besteht aus einer Vielzahl kleiner Fiederblättchen. Sie ist eine der eindrucksvollsten botanischen Rosen. Ihre länglichen, flaschenförmigen Früchte erfreuen die Vögel. Eine sehr frostbeständige Art.

Abstammung: China
Wuchsform: großer Strauch, 3,5 x 3 m
Frostresistenz: *** (bis –25°C)
Blütezeit: Juni, NR
Blütendurchmesser: 6 cm
Duft: schwach
Früchte: rot, flaschenförmig und dick

36)

Sektion: *Cinnamomeae*

Rosa willmottiae

Die 1904 eingeführte Rose bleibt das ganze Jahr über dekorativ: kleine, rosa- bis violettfarbige Blüten, deren zugespitzte Kelchblätter die Blütenkrone überragen, fein mit Stacheln besetzte und leicht violett gefärbte Triebe. Die kleinen, federleicht aussehenden Blätter nehmen verschiedene Farben an: graugrün, golden, rot.

Abstammung: Westchina
Wuchsform: großer Strauch, 2 bis 3 m
Frostresistenz: ***
Blütezeit: Juni, NR
Blütendurchmesser: 3 cm
Duft: leicht
Früchte: schnell hinfällig, flaschenförmig

37)

Sektion: *Cinnamomeae*

Rosa multibracteata

Diese prachtvolle und originelle Art, deren Zweige unter dem Gewicht der Blütenstände tief überhängen, zeichnet sich durch eine Vielzahl von dekorativen Tragblättern aus, wenn alle anderen Rosensträucher schon längst verblüht sind.

Abstammung: Westchina
Wuchsform: Strauch, 2,5 m
Frostresistenz: ***
Blütezeit: Ende Juni und Juli, NR
Blütendurchmesser: 3 cm
Früchte: orange, flaschenförmig, in dichten Trauben

38)

Sektion: *Gallicanae*

Rosa gallica

Die einzige geschützte Art. Man findet sie noch in den Alpen, wo sie intensiv gefärbt ist. Das hier abgebildete Individuum stammt aus dem botanischen Garten von Gap Charance. Im Rosengarten von Berty auf nur 400 Metern Höhe kultivierte Pflanzen zeigen dagegen hellere Farbtöne.

Abstammung: Mittelmeerraum, Alpen, Kleinasien
Wuchsform: niedriger Busch von 0,5 m (spontan) bis 1 m (kultiviert), Wurzelschössling treibend
Frostresistenz: ***
Blütezeit: Juni, NR
Blütendurchmesser: 6 cm
Duft: **
Früchte: orange bis rot, eiförmig und behaart

40)

Sektion: *Gallicanae*

Rosa X macrantha

Syn.: **'Waitziana'**

Diese 1823 in Frankreich gefundene Rose ist vielleicht eine Hybride von *Rosa gallica* (s. S. 38) und *Rosa macrantha* (s. S. 40). Die großen, blassrosa Blüten bilden gesunde Früchte aus, die den Winter am Holz überdauern. Ein sonniger Standort ist empfehlenswert.

Abstammung: Hybride, in Frankreich 1823 gefunden
Wuchsform: tief überhängender Busch, 1 x 1,5 m
Frostresistenz: ***
Blütezeit: Juni, NR
Blütendurchmesser: 8,5 cm
Duft: süßlich
Früchte: rot, eiförmig, den Winter überdauernd

44) Betty Sherriff

45) *Rosa helenae*

46) *Rosa banksiae normalis*

47) *Rosa roxburghii normalis*

48) Rosa laevigata

51) *Rosa laevigata*

53) *Rosa bracteata*

44

Sektion: *Synstylae*

Betty Sherriff

Diese Rose wurde Mitte des 19. Jahrhunderts von Madame Sherriff aus Bhutan mitgebracht, aber ihre Abstammung ist nicht nachgewiesen. Sie ist eine wundervolle Kletterrose mit dunkelgrünem, gesundem und hochglänzendem Laub.

Abstammung: Bhutan
Wuchsform: Liane, 10 m und mehr
Frostresistenz: ***
Blütezeit: Ende Juni, NR
Blütendurchmesser: 3 cm
Duft: **
Früchte: eiförmig, leuchtend rot und in Trauben

45

Sektion: *Synstylae*

Rosa helenae

Diese ursprünglich in China beheimatete Rose bietet mit ihren ersten Blättern einen herrlichen Anblick. Die jungen Triebe sind purpurrot, die Blätter mit karminroten, durchscheinenden Nebenblättern versehen. Aus Blüten in großen duftenden Büscheln entwickeln sich ovale Hagebutten. Sehr wuchsfreudig und kräftig, unkompliziert und schlicht.

Abstammung: China
Wuchsform: lianenartige Kletterrose, 6 bis 10 m
Frostresistenz: ***
Blütezeit: Juni, NR
Blütendurchmesser: 3 cm
Duft: **
Früchte: rot, in Trauben, sehr zahlreich und den Winter überdauernd

46

Sektion: *Banksianae*

Rosa banksiae normalis

Synonym: **'Lady Banks Rose'**

Dieser Rosenstrauch wurde 1796 von Robert Drummond in Schottland eingeführt, wo er kaum blühte. Durch einen Steckling vermehrt, brachte ein Rosenliebhaber aus Nizza ihn 1909 zum ersten Mal in Frankreich zur Blüte. Diese Rose duftet lieblich nach Veilchen und trägt immergrüne Blätter.

Abstammung: China, bis 1800 m
Wuchsform: Kletterrose, bis 10 m hoch
Frostresistenz: ** (bis –5°C)
Blütezeit: Mai, NR
Blütendurchmesser: 2,5 cm
Duft: köstlich, intensiv
Früchte: klein und wenig gefärbt

47]

Untergattung: *Platyrhodon*

Rosa roxburghii normalis

Syn.: **'Chestnut Rose'**

Diese erst 1908 aufgefundene Wildrose zeichnet sich durch eine wie bei den Birken abblätternde Rinde aus, so dass man im Winter die weißen Triebe bewundern kann. Die Blüten sind einfach, mit elfenbeinfarbenen und leicht durchscheinenden Kronblättern. Man nennt sie auch 'Chestnut Rose', weil ihre Früchte an die stachelige Fruchtschale der Kastanien erinnern.

Abstammung: China
Wuchsform: großer, aufrechter Strauch, 2,5 m
Frostresistenz: ***
(bis –25°C)
Blütezeit: Mai, NR
Blütendurchmesser: 5 cm
Duft: angenehm
Früchte: grün, hinfällig, behaart

48 / 51]

Sektion: *Laevigatae*

Rosa laevigata

Syn.: **'Cherokee Rose'**

Die breiten Blüten der in China beheimateten Rose erscheinen mit wunderschönen Staubgefäßen im Mai bis Juni. Der Strauch behält das glänzende, aus drei Fiederblättchen zusammengesetzte Laub während eines guten Teils des Winters. Nur für mildes Klima oder einen besonders milden Mikrostandort geeignet.

Abstammung: China
Wuchsform: Liane, bis 10 m hoch
Frostresistenz: **
(bis –6°C)
Blütezeit: früh, Anfang Mai
Blütendurchmesser: 9 cm
Duft: **
Früchte: sehr schön, birnenförmig und behaart

53]

Sektion: *Bracteatae*

Rosa bracteata

Syn.: **'Rose de Macartney'**

Ende des 18. Jahrhunderts brachte Lord Macartney diese Rose aus China mit. Knospen, Fiederblättchen, graues Holz und Hagebutten sind einzigartig und unverkennbar. Nur für mildes Klima oder einen besonders milden Mikrostandort geeignet.

Abstammung: China
Wuchsform: Kletterrose, 4 m und höher
Frostresistenz: *
(bis –3°C)
Blütezeit: Juni bis zum ersten Frost
Blütendurchmesser: 7 cm
Duft: **
Früchte: einzigartig

Rosen

Rosen des Mittelalters und der Renaissance

Rosen des Mittelalters und der Renaissance

Seit der Zeit Karls des Großen (742–814) wurden Rosen und Lilien gewöhnlich um religiöse Gebäude und Kirchen herum, in Kreuzgängen und Klöstern, die zumeist Gärten besaßen, angepflanzt. Man kannte noch keine eigentlichen Ziergärten, und die Rosen fanden eher unter den Heilpflanzen, im Herbularius (Kräutergarten), ihren Platz. Man wies ihnen übrigens eine große Anzahl heilkräftiger Wirkungen zu. Dies soll aber nicht heißen, dass die Mönche ihre Schönheit nicht wahrgenommen hätten!

Wahrscheinlich erfolgte die Einführung der halb gefüllten und gefüllten Rosen in Europa vor dem 10. Jahrhundert durch die Araber in Spanien und im 12. und 13. Jahrhundert durch die Kreuzritter.

So wurde die Apothekerrose (*Rosa gallica* 'Officinalis') vermutlich von den Kreuzrittern in Syrien entdeckt und von ihnen in die Gegend von Provins gebracht, um daraus Rosenwasser und Rosenöl zu destillieren, wie sie es vielleicht in Damaskus gesehen hatten. Sie stammt von der Essigrose (*Rosa gallica*) ab, die im gesamten Mittelmeerraum wächst und unter regelmäßiger Pflege einen zusätzlichen Kronblattkreis entwickelt. Um 1465 kann man schon in einem Buch König Renés von Anjou auf einer Abbildung mit einem herrschaftlichen Garten wundervolle gefüllte Rosen bewundern, die an Spalierwänden aus Holz kultiviert wurden. Vom 16. Jahrhundert an erwähnen Buchautoren eine gewisse Anzahl Rosen, benennen sie auf ihre Weise oder geben ihre Merkmale und ihre Blütenfarbe an. Nach und nach wandern die Rosen in Europa aus den Klöstern zu den Adelsfamilien. Zur Zeit der Renaissance stellen Künstler die Rose mit Vorliebe der Jungfrau Maria, aber auch mythologischen Gottheiten zur Seite, um die Faszination der Griechen für die Blume der Aphrodite neu zu beleben.

Über die Anfänge der Rosenkultur im Fernen Osten, namentlich in China, wissen wir nur sehr wenig. Die Pfingstrose scheint dort jene Bedeutung besessen zu haben, die die Rose bei uns hatte. Obgleich die meisten Rosenarten aus diesem Teil der Welt stammen, wissen wir nicht, ob die Rosen dort wirklich schon vor Gründung der Handelsniederlassungen der Europäer kultiviert wurden.

60) Suaveolens

61) Cuisse de Nymphe

62) Versicolor

63) Double White

65) Conditorum

67) Jenny Duval

60)

Suaveolens

Anfang 16. Jahrhundert

Art: ***Rosa X alba***

Syn.: **'Nivea', 'Semi-plena'**

Mindestens seit Anfang des 16. Jahrhunderts kultiviert, ist diese halb gefüllte Rose vermutlich eine Hybride römischen Ursprungs, zwischen einer Damaszenerrose und der Heckenrose. Auf jeden Fall ist sie der weißen Rose *(Rosa alba)* sehr nah. Sie besitzt alle ihre Merkmale: gräuliche Blätter, weiße Blüten und ihren Duft.

Abstammung: unbekannt
Wuchsform: großer Strauch, 2 m
Frostresistenz: *** (bis –25°C)
Blütezeit: Mai bis Juni, NR
Blütendurchmesser: 6 cm
Duft: ***
Früchte: rot, eiförmig, den Winter überdauernd

61)

Cuisse de Nymphe

1550

Art: ***Rosa X alba***

Syn.: **'Maiden's Blush'**

Der englische Name 'Maiden's Blush' vergleicht ihre Farbe mit einer schamhaft errötenden Jungfrau. Dafür, dass sie in Frankreich wegen ihres Namens »Nymphenschenkel« sowie ihrer Schönheit die wohl bekannteste Alte Rose darstellt, ist sie dort wenig verbreitet. Ihre Kultur ist bis ins Jahr 1550 zu verfolgen.

Abstammung: unbekannt
Wuchsform: aufrechter Strauch, 2 x 1,5 m
Frostresistenz: ***
Blütezeit: Juni bis Juli
Blütendurchmesser: 8 cm
Duft: ***
Früchte: eiförmig, rot-orange

62)

Versicolor

Vor 1600

Art: ***Rosa gallica***

Syn.: **'Rosa Mundi'**

Diese Rose wird erstmals im 16. Jahrhundert erwähnt, ist wahrscheinlich aber noch älter. Durch die panaschierten Blütenblätter und die goldgelben Staubgefäße wirkt sie jedoch sehr modern und dekorativ.

Abstammung: Mutation von Rosa gallica 'Officinalis'
Wuchsform: Busch, 1 x 1 m
Frostresistenz: ***
Blütezeit: Juni, NR
Blütendurchmesser: 8 cm
Duft: ***
Früchte: rot und eiförmig

63)

Double White

Vor 1600

Art: ***Rosa pimpinellifolia***

Sicherlich stammt diese sehr alte, reizvolle Rosensorte von einer Wildrose ab, die in Kultur genommen wurde. Sie trägt kleine gefüllte Blüten, ist leicht zu kultivieren und bildet viele Wurzelausläufer. Es gibt eine Sorte mit rosa Blüten: 'Double Blush'.

Abstammung: unbekannt
Wuchsform: wuchernde, fein stachelige Triebe 0,7 m
Frostresistenz: ***
(bis –25 °C)
Blütezeit: Mai bis Juni, NR
Blütendurchmesser: 4 cm
Duft: ***
Früchte: schwarz, rund und hinfällig

65)

Conditorum

Anfang 17. Jahrhundert

Art: ***Rosa gallica***

In Bulgarien wird diese Rose zur Herstellung von Konditorwaren benutzt. Sie wurde in diesem Land erst 1889 von dem Botaniker Dieck eingeführt, ist aber sicher viel älter. Mit ihrem sehr starken Duft ist sie gleichzeitig eine aromatische und kulinarische Pflanze und ebenso eine sehr schöne Gartenrose.

Abstammung: unbekannt
Wuchsform: Busch, 1,3 m
Frostresistenz: ***
Blütezeit: Juni, NR
Blütendurchmesser: 8 cm
Duft: ***
Früchte: dunkelrot

67)

Jenny Duval

Anfang 17. Jahrhundert

Art: ***Rosa gallica***

Der Farbwechsel der Blütenblätter von Rosa zu Grau ist typisch für eine *Rosa gallica* wie diese. Lang anhaltende Blüte und reicher Duft zeichnen sie aus.

Abstammung: unbekannt
Wuchsform: Busch, 1,3 x 1 m
Frostresistenz: ***
Blütezeit: Mai bis Juni, NR
Blütendurchmesser: 8 cm
Duft: ***

70) York and Lancaster

71) Blush Damask

73) Officinalis

74) Rose des Quatre Saisons

76) Splendens

77) Rose de Resht

70)

York and Lancaster

Vor 1629

Art: ***Rosa X damascena***

Syn.: **'Versicolor'**

Eine Rose für Geschichtsliebhaber, denn nach den schrecklichen englischen Rosenkriegen zwischen den Häusern York und Lancaster, die eine weiße und eine rote Rose als Emblem trugen, wurden beide Häuser vereint. So symbolisiert diese panaschierte Sorte den Frieden. Ihre Blütenfarbe variiert stark von Garten zu Garten.

Abstammung: unbekannt
Wuchsform: Busch mit mattem, graugrünem Blattwerk
Frostresistenz: ***
Blütezeit: Juni, NR
Blütendurchmesser: 8 cm
Duft: ***

71)

Blush Damask

Datierung unbekannt

Art: ***Rosa X damascena***

Solch alte Rosen wie diese haben einen ganz eigenartigen Reiz. An leicht überhängenden Zweigen sprießen die Blüten rosa und werden zu den Rändern hin heller. Sie halten lange.

Abstammung: unbekannt
Wuchsform: Busch, 1,2 x 1m
Frostresistenz: ***
Blütezeit: Juni, NR
Blütendurchmesser: 8 cm
Duft: ***

73)

Officinalis

Datierung unbekannt

Art: ***Rosa gallica***

Syn.: **'Rose de Provins'**

Von den Kreuzfahrern aus dem Mittleren Orient nach Europa gebracht (genauer gesagt aus Syrien von Thibault IV. Graf der Champagne, wie manche Autoren angeben), wurde diese Rose in der Region von Provins in großem Umfang kultiviert, um aus den Blütenblättern Rosenwasser herzustellen.

Abstammung: aus dem Mittleren Orient eingeführt
Wuchsform: Busch, 0,9 x 0,7 m
Frostresistenz: ***
Blütezeit: Juni, NR
Blütendurchmesser: 7 cm
Duft: schwach
Früchte: rot, eiförmig, den Winter überdauernd

74)

Rose des Quatre Saisons

Datierung unbekannt

Art: ***Rosa X damascena***

Syn.: **'The Four Seasons', 'Rose of Paestum'**

Vor langer Zeit gelangte diese stark duftende und bis zum ersten Frost nachblühende Rose aus dem Orient nach Europa, wo sie von den Römern in großen Mengen kultiviert worden sein soll. Das schlichte Aussehen der rosa Blüten mit den langen Kelchblättern verleiht dem Strauch einen natürlich wirkenden Charme.

Abstammung: unbekannt
Wuchsform: Strauch, 1,5 x 1,5 m
Frostresistenz: ***
Blütezeit: von Juni bis zum ersten Frost
Blütendurchmesser: 7 cm
Duft: köstlich

76)

Splendens

Datierung unbekannt

Art: ***Rosa X francofurtana***

Zweifellos ist sie eine sehr alte Hybride zwischen *Rosa gallica* (s. S. 38) und *Rosa cinnamomea*. So wächst diese Rose als sehr kräftiger Busch, der in Bezug auf die Bodenbeschaffenheit anspruchslos ist. Sie verdiente es, in den Gärten häufiger präsent zu sein.

Abstammung: unbekannt
Wuchsform: Busch, 1,5 m
Frostresistenz: *** (bis –25°C)
Blütezeit: Juni, NR
Blütendurchmesser: 7 cm
Duft: **
Früchte: leuchtend rot, birnenförmig, den Winter überdauernd

77)

Rose de Resht

Datierung unbekannt

Art: ***Rosa X damascena***

Diese Rose findet man auch unter dem Namen *Rosa damascena perpetual*. Eine Miss Lindsay brachte sie aus dem Iran mit. Wegen ihrer vielen positiven Eigenschaften ist sie als Gartenware weit verbreitet. Sie blüht mehrmals, ist unkompliziert in der Kultur und gedeiht auch als Topfpflanze bestens. Ihre Blüten werden zur Herstellung von Konfekt und Potpourris verwendet.

Abstammung: aus dem Iran eingeführt
Wuchsform: kompakter Busch, 1,3 x 1 m
Frostresistenz: ***
Blütezeit: von Mai bis zum ersten Frost
Blütendurchmesser: 7 cm
Duft: ***

Rosen

Rosen des Königshofes und der Revolution

Rosen des Königshofes und der Revolution

Als Symbol der Schönheit und der Liebe taucht die Rose seit der Antike immer auch in religiösem Kontext auf. Während die Gartenkunst ihren Ausgang im Mittleren Osten nimmt, finden sich in Europa Zierpflanzen zunächst nur neben kirchlichen Gebäuden. Der Machtzuwachs der katholischen Kirche führt zur Verbindung mit dem Adel, der Frankreich regiert. Dieser setzt die Rose ganz bewusst mit den höchsten moralischen Werten gleich, und es ist belegt, dass in bestimmten Dörfern die Honoratioren Rosenköniginnen wählten, junge Mädchen, denen man Rosen als Anerkennung für ihre Tugendhaftigkeit schenkte. Die Liebe, die die Rose verkörpert, war manchmal etwas weniger fromm, doch immer blieben ihre Blüten und ihr Duft der Elite vorbehalten. Sie gilt als exklusives Attribut des Adels. Mit ihr schmückt man Gewänder und Hüte. Rosenduft kommt in Mode, und man misst den heilkräftigen Wirkungen der Rose große Bedeutung zu. Dennoch gibt es noch längst nicht so viele Rosen wie heutzutage. So zitiert Jean de La Quintinie 1690 in seinem Werk über Obst- und Gemüsegärten nur 14 Rosensorten.

Unter Ludwig XIV. werden die Gärten zu perspektivisch angelegten architektonischen Elementen: Für Le Nôtre gibt es keine Fantasie, keine Farben, keine Rosen. Auf Anregung von Philosophen wie Rousseau zeigt sich dann eine gewisse Vorliebe für die Botanik und die Rückkehr zur Natur. Die Revolution gibt vor, dieser Neigung ein Ende zu setzen. Gleichwohl schmücken Rosenstöcke weiterhin zahlreiche Gärten.

In seiner *Histoire naturelle de la rose* von 1800 zählt Guillemeau hundert Sorten auf, von denen ungefähr ein Drittel nur einfache Blüten bildet. In Frankreich vermehrte man Rosen in erster Linie durch Stecklinge, was den Erhalt neuer Sorten nicht begünstigte.

Die in diesem Kapitel vorgestellten Rosen sind alle vor 1800 verzeichnet worden, aber etliche sind aus Holland oder aus England zu uns gekommen, wo die Rosengärtner schon die Aussaat praktizierten. Einige Zweifel bleiben in Bezug auf ihre korrekte Herkunft und ihre Bezeichnungen bestehen.

84) Parvifolia

85) *Rosa X centifolia muscosa*

86) Celsiana

87) *Centifolia Major*

89) Tuscany

90) Celestial

84)

Parvifolia

1664

Art: ***Rosa X centifolia***

Als niedrig und dicht wachsende Buschrose eignet sie sich ausgezeichnet für originelle Rabatten. Man kann sie auch als Topfpflanze kultivieren. Sie verlangt fast keine Pflege. Ihr geordnetes Aussehen und das regelmäßig verteilte Laub, das im Herbst wundervolle Farben annimmt, verleihen ihr großen Charme.

Abstammung: unbekannt
Wuchsform: dichter Busch, 0,6 x 0,4 m
Frostresistenz: ***
Blütezeit: Juni, NR
Blütendurchmesser: 3 cm
Duft: ***

85)

Muscosa

1724 belegt

Art: ***Rosa X centifolia muscosa***

Die Moosrosen entstammen einer Mutation von *Rosa* X *centifolia*, deren erste Exemplare in der zweiten Hälfte des 17. Jahrhunderts in der Gegend von Carcassonne gefunden wurden. Diese Rose scheint die ursprüngliche Moosrose gewesen zu sein. Sie verströmt einen herrlichen Duft.

Abstammung: Mutation von Rosa x centifolia
Wuchsform: Busch, 1,2 x 1,2 m
Frostresistenz: ***
Blütezeit: Juni, NR
Blütendurchmesser: 7 cm
Duft: ***

86)

Celsiana

Um 1732

Art: ***Rosa X damascena***

Diese Rose wurde von Redouté in seinem Werk *Les Roses* gezeichnet. Der Botaniker Claude-Antonin Thory widmete sie dem Pariser Sammler Jacques-Martin Cels, welcher sie aus Holland einführte, wo sie schon in den Gärten gedieh. Die Knospen mit den ausgefransten Kelchblättern sind ebenso anmutig wie die blassen, halb gefüllten Blüten, in deren Mitte die Staubblätter zu sehen sind.

Abstammung: von Cels in Holland entdeckt
Wuchsform: Strauch, 1,5 x 1,2 m
Frostresistenz: ***
Blütezeit: Mai bis Juni, NR
Blütendurchmesser: 8 cm
Duft: **

87)

Centifolia Major

vermutlich
18. Jahrhundert

Art: ***Rosa X centifolia***

Syn.: **'Rose des Peintres'**

Diese berühmte Rose unbekannter Abstammung wächst besonders häufig in Gärten, die um 1900 angelegt wurden. Auch dort, wo man sie verwildern ließ, hat sie sich erhalten. Sie trägt die tiefen, kugeligen »Kohlköpfchen«, wie sie die holländischen Maler des 18. Jahrhunderts liebten. Ihr intensiver Duft bleibt unvergesslich.

Abstammung: unbekannt
Wuchsform: lockerwüchsiger Strauch
Frostresistenz: ***
Blütezeit: Mai bis Juni, NR
Blütendurchmesser: 9 cm
Duft: ***

89)

Tuscany

Anfang des 18. Jahrhunderts nachgewiesen, aber sicherlich viel älter

Art: ***Rosa gallica***

Syn.: **'The Old Velvet Rose'**

Diese samtige Rose ist uralt. Die goldfarbenen Staubgefäße kontrastieren effektvoll mit den prächtigen dunkelroten bis violetten Blütenblättern. Ein sehr leicht zu ziehender, stark duftender Rosenbusch.

Abstammung: unbekannt
Wuchsform: Busch, 1 x 1 m
Frostresistenz: ***
Blütezeit: Mai bis Juni, NR
Blütendurchmesser: 6 cm
Duft: ***

90)

Celestial

1739

Art: ***Rosa X alba***

Syn.: **'Céleste', 'Belle Aurore'**

Wahrscheinlich in Holland gezüchtet, wurde sie 1739 exportiert. Diese wenig verbreitete Sorte wächst als besonders schöner Strauch, weil die zartrosa Blüten sehr gut mit dem matten, graublauen Blattwerk harmonieren.

Abstammung: unbekannt
Wuchsform: weit ausladender Strauch, 1,8 x 1,3 m
Frostresistenz: ***
Blütezeit: Juni, NR
Blütendurchmesser: 7 cm
Duft: **

94) *Muscosa alba*

95) Old Blush

97) Assemblage des Beautés

98) Violacea

100) The Bishop

103) Rose de Puteaux

94)

Muscosa alba

1788

Art: ***Rosa X centifolia muscosa***

Syn.: **'Mousseuse Blanche', 'Shailer's White Moss'**

Diese Mutation von *Rosa X centifolia muscosa* kam 1788 in England auf. Aus den wie von Moos umhüllten Kelchblättern, an denen ein harzähnlicher Saft perlt, sprießen die allerzartesten, intensiv duftenden Rosen.

Abstammung: unbekannt
Wuchsform: Strauch, 1,8 x 1,2 m
Frostresistenz: ***
Blütezeit: Mai bis Juni, NR
Blütendurchmesser: 8 cm
Duft: ***

95)

Old Blush

1796 eingeführt

Art: ***Rosa chinensis***

Syn.: **'Parson's Pink China', 'Old Pink Daily'**

Erst gegen Ende des 18. Jahrhunderts in Europa eingeführt, ist diese in traditionsreichen Gärten weit verbreitete Rosensorte wahrscheinlich viel älter. In der Region Ardèche in Frankreich ist sie das ganze Jahr über schön und blüht sogar im Winter. In voller Blüte steht sie im Oktober. Ihre Größe und ihre Wuchsform sind sehr verschieden.

Abstammung: unbekannt
Wuchsform: aufgerichteter Busch
Frostresistenz: ***
Blütezeit: anhaltend, sogar im Winter
Blütendurchmesser: 6 cm
Duft: ***

97)

Assemblage des Beautés

Ende 18. Jahrhundert

Art: ***Rosa gallica***

Syn.: **'Rouge Éblouissante'**

Diese exklusive Sorte trägt besonders leuchtende, kirschrote Rosetten, die sich vom dunklen Laub gut abheben.

Abstammung: unbekannt
Wuchsform: Busch, 1,2 x 1 m
Frostresistenz: ***
Blütezeit: Mai bis Juni, NR
Blütendurchmesser: 7 cm
Duft: **

98)

Violacea

Vor 1800

Art: ***Rosa gallica***

Syn.: **'La Belle Sultane', 'Maheka'**

Schon um 1800 wurde der Strauch in Holland kultiviert und gehörte zur Rosensammlung von Malmaison. Er ist das ganze Jahr über ein schöner Anblick und kommt mit jedem Boden zurecht. Das Rotviolett der halb gefüllten Blüten wird von zahlreichen Staubgefäßen aufgehellt. Ein herrlicher und doch anspruchsloser Rosenstrauch.

Abstammung: unbekannt
Wuchsform: Strauch, 2 x 1,5 m
Frostresistenz: ***
Blütezeit: Mai bis Juni, NR
Blütendurchmesser: 8 cm
Duft: ***
Früchte: rotbraun, eiförmig und ziemlich ausdauernd

100)

The Bishop

Datierung unbekannt

Art: ***Rosa gallica***

Syn.: **'Le Rosier Évêque'**

Sie ist eine der dunkelfarbigsten Rosen, die man noch häufig in alten Gärten antreffen kann, wo sie viele Ausläufer bildet. Ihre tiefdunkle Blütenfarbe überrascht auch heute noch, sie ist umso dunkler, je schattiger der Standort der Pflanze ist.

Abstammung: unbekannt
Wuchsform: wuchernde Triebe, 1,2 m
Frostresistenz: ***
Blütezeit: Mai bis Juni, NR
Blütendurchmesser: 7 cm
Duft: ***

103)

Rose de Puteaux

Datierung unbekannt

Art: ***Rosa* X *damascena***

Syn.: **'Rose des Parfumeurs'**

Seit 1698 wurde diese Rose von Philip Miller in *The Gardener's Dictionary* erwähnt. Die stark duftende Blüte wurde zur Extraktion von Rosenessenz verwendet, die bei Hofe sehr geschätzt wurde. Sie unterscheidet sich von der Damaszenerrose, die in Bulgarien unter dem Sortennamen 'Trigintipetala' oder als 'Rose von Kasanlik' benutzt wird, durch ihre leicht remontierende Blüte.

Abstammung: unbekannt
Wuchsform: Strauch, 1,5 m
Frostresistenz: ***
Blütezeit: Juni bis Oktober
Blütendurchmesser: 7 cm
Duft: ***

Rosen

von Kaiserin Joséphine
und Louis-Philippe

Rosen
von Kaiserin Joséphine und Louis-Philippe

Im 19. Jahrhundert nimmt die Gartenkunst in Frankreich eine rasante Entwicklung. Auf Anregung von Kaiserin Joséphine (1763–1814), die auf Schloss Malmaison mit der Anlage einer prächtigen Sammlung beginnt, erreicht die Kultur und Zucht der Rosen einen Höhepunkt.

Zu Beginn des Jahrhunderts sind ungefähr dreißig Wildarten bekannt, von denen einige aus Asien eingeführt wurden. Man verfügt auch über mehrere »gallische Rosen« (das heißt Rosen aus der Sektion *Gallicanae*): Apothekerrose, Zentifolie, weiße Rose und Damaszenerrose. Es gibt zudem Bibernellrosen und solche, die lange Zeit Bengalrosen genannt wurden, das heißt Varietäten von *Rosa chinensis*, die den großen Vorteil zeigen, remontierend (wieder oder öfter blühend) zu sein.

Joséphine versammelt bemerkenswerte Gärtner und Rosenliebhaber wie André Du Pont um sich und vertraut das Studium der Rosen Redouté und Thory an. Letzterer stellt für sie eine Liste der 218 Arten und Varietäten zusammen. Die Kaiserin lässt Rosen aus Holland kommen, woher sie oft ohne Namen oder mit zehn Synonymen versehen eintreffen.

Manche Rosen erhalten ihre Namen durch die Person, die sie in Empfang nimmt, und wechseln mehrmals ihre Bezeichnung. Joséphine korrespondiert mit ihrer Schwägerin Katharina von Württemberg, Ehefrau des Bruders von Bonaparte, die auf Schloss Weißenstein in Deutschland residiert, um Rosen auszutauschen. Schlussendlich trägt Joséphine 250 Sorten zusammen. *Les Roses*, ein bei Pierre-Joseph Redouté in Auftrag gegebenes, prächtiges Werk, ist mit aquarellierten Stichen von etwa zehn Künstlern illustriert.

Zur gleichen Zeit erhält John Champney in South Carolina auf der anderen Seite des Atlantiks eine oft wieder blühende Sorte, indem er die Moschusrose *(Rosa moschata)* mit der Chinarose *(Rosa chinensis)* kreuzt. Philippe Noisette sendet die Samen aus den Vereinigten Staaten nach Frankreich, wo sich die ersten Noisettiana-Hybriden vermehren.

Unter Louis-Philippe erlebt man das Erscheinen einer großen Zahl von Remontantrosen.

Die Züchter wetteifern um Eingebungen und vermarkten ihre Kreationen. Die Rose beginnt, Geld einzubringen. 1845 findet in Lyon die erste große Rosenausstellung statt, wohingegen in England Gärtner wie Lancelot Brown, Kent und Shenstone eigene Theorien zur Gartenkunst in Bezug auf die umgebende Landschaft entwickeln und erste Überlegungen zur Ökologie unterbreiten.

110) Duchesse de Portland

111) Chine Sanguin

113) Charles de Mills

114) Ornement de la Nature

115) Königin von Dänemark

116] Blush Noisette

110)

Duchesse de Portland

1800

Art: ***Rosa X portlandica***

Syn.: **'Scarlet Four Seasons'**

Diese Rose unbekannter Abstammung ist selten ohne Blüten, solange das Klima sonnig genug ist. Ihre leuchtenden Blüten duften herrlich, so dass es ein wahres Vergnügen ist, an ihrer Seite zu gärtnern. Man kann sie auch in eine Ecke des Gemüsegartens pflanzen, denn sie beansprucht nicht viel Platz.

Abstammung: unbekannt
Wuchsform: Busch, 1 x 0,6 m
Frostresistenz: ***
Blütezeit: remontierend bis dauerblühend
Blütendurchmesser: 7 cm
Duft: ***
Früchte: leuchtend rot und eiförmig

111)

Chine Sanguin

Anfang 19. Jahrhundert

Art: ***Rosa chinensis***

Das hier abgebildete Individuum entstammt dem Rosarium von Val-de-Marne, wo die Sorte schon seit langem unter diesem Namen gedeiht. Es existieren auch zahlreiche dunkelrote Sorten von *Rosa chinensis*, die alle sehr nah miteinander verwandt sind. Wir verfügen kaum über Angaben, um sie zu vergleichen. Aber was soll's! Die Rose ist einfach nur schön.

Abstammung: unbekannt
Wuchsform: Busch, 0,5 x 0,4 m
Frostresistenz: **
Blütezeit: dauerblühend, von Mai bis zum ersten Frost
Blütendurchmesser: 6 cm
Duft: **

113)

Charles de Mills

Anfang 19. Jahrhundert

Art: ***Rosa gallica***

Syn.: **'Bizarre Triomphant'**

Diese vielleicht schönste *Rosa gallica* war schon in der Rosensammlung von Malmaison vertreten. Ihr flacher, makelloser Blütenkelch ist dicht gefüllt mit aufrecht angeordneten Blütenblättern in dunklem Scharlachrot. In der frei liegenden Blütenmitte ist das Grün der Narben zu erkennen. Diese Sorte zeichnet sich durch sehr gute Wuchskraft aus.

Abstammung: unbekannt
Wuchsform: Strauch, 1,7 x 1,5 m
Frostresistenz: ***
Blütezeit: Mai bis Juni, NR
Blütendurchmesser: 9 cm
Duft: ***

114

Ornement de la Nature

Vor 1814

Art: ***Rosa gallica***

Syn: **'Anémone Ancienne', 'Gloria Mundi', 'Rose Anémone'**

Nach J. Gravereaux, dem Begründer des Rosariums von L'Haÿ-les-Roses, befand sich diese Rose schon in der Sammlung von Malmaison. Sie wächst als dichter und regelmäßiger Strauch und bildet Ausläufer. Aber ihre Blüten sind sehr empfindlich gegenüber wechselnden klimatischen Bedingungen, die der Anordnung der Kronblätter schaden können, so dass die Rosen oft asymmetrisch erscheinen.

Abstammung: unbekannt
Wuchsform: Strauch, 1,5 x 1,2 m
Frostresistenz: ***
Blütezeit: Mai bis Juni, NR
Blütendurchmesser: 8 cm
Duft: schwach

115

Königin von Dänemark

1816

Art: ***Rosa X alba***

Syn: **'New Maiden's Blush', 'Naissance de Vénus'**

Von dem schottischen Rosengärtner James Booth gezüchtet, ist diese Sorte womöglich aus einem Samen von 'Cuisse de Nymphe' hervorgegangen oder aber das Ergebnis einer Hybridisierung von *Rosa alba* mit *Rosa damascena*. Rosa Blüten mit etwas dunklerem Herzen und makelloser Kontur erscheinen im Juni in ihrem blaugrauen Laub.

Abstammung: von Booth gezüchtet
Wuchsform: Strauch, 1,8 x 1,3 m
Frostresistenz: ***
Blütezeit: Mai bis Juni, NR
Blütendurchmesser: 8 cm
Duft: ***

116

Blush Noisette

1817

Art: ***Rosa X noisettiana***

Syn.: **'Champney's Pink Cluster', 'Rosier de Philippe Noisette'**

Als ursprüngliche Teerose entstammt diese historische Rose einer in den USA ausgeführten Kreuzung von *Rosa moschata* mit 'Old Blush' (s. S. 95). Man versteht sofort, warum sie immer noch in unseren Gärten so stark verbreitet ist: Sie ist immer in Blüte, stark duftend, leicht zu kultivieren.

Abstammung: von Philippe Noisette in Charleston, USA, gezüchtet
Wuchsform: Busch, 1,5 bis 2 m hoch
Frostresistenz: ***
Blütezeit: dauerblühend, von Mai bis zum ersten Frost
Blütendurchmesser: 4 cm
Duft: ***

120) Petite Lisette

121] Belle Herminie

122) Quatre Saisons Blanc Mousseux

123) *Roxburghii*

124) *Rosa banksiae lutea*

127) Adélaïde d'Orléans

120)

Petite Lisette

1817

Art: ***Rosa X centifolia***

Der Rosenzüchter Jean-Pierre Vibert erzielte 1817 dieses kleine Rosenwunder. Die kleinen, zart geformten Kronblätter in frischem Rosa sind im Zentrum der Blüte gleichmäßig eingerollt. Die flachen und kreisrunden Blütenkronen verleihen der Pflanze große Eleganz.

Abstammung: von Vibert in St. Denis (bei Paris) gezüchtet
Wuchsform: Busch, 1,4 x 1,2 m
Frostresistenz: ***
Blütezeit: Mai bis Juni, NR
Blütendurchmesser: 6 cm
Duft: ***

121)

Belle Herminie

Ca. 1820

Art: ***Rosa gallica***

Syn.: **'Rouge Éblouissante'**

Das hier abgebildete Individuum entstammt dem Rosarium von Val-de-Marne, wo die Sorte unter diesem Namen gedeiht. Dennoch muss ihre Bestimmung unsicher bleiben, weil der Rosengärtner Vibert angeblich mehrere Rosen mit dem gleichen Namen versehen hat … Die Rose erscheint heute in zahlreichen Rosenkatalogen.

Abstammung: unbekannt
Wuchsform: Busch, 1,3 x 0,8 m
Frostresistenz: ***
Blütezeit: Mai bis Juni, NR
Blütendurchmesser: 8 cm
Duft: ***

122)

Quatre Saisons Blanc Mousseux

1824

Art: ***Rosa X damascena***

Syn.: **'Rosier de Thionville', 'Perpétuelle Mousseuse'**

Von Madame Jacquemin, einer Baumschulgärtnerin aus der Nähe von Thionville, eingeführt, wird diese Sorte nur als Kuriosität gepflanzt, denn ihr Blütenflor ist spärlich und die Blüten sind gestaltlos. Betörend ist hingegen der Duft des gelblich grauen Laubes und wunderschön sind auch die Knospen.

Abstammung: Sämling von 'Rose des Quatre Saisons'
Wuchsform: Busch, 1,7 x 1,2 m
Frostresistenz: ***
Blütezeit: Mai bis Juni, NR
Blütendurchmesser: 7 cm
Duft: wohlriechendes Blattwerk

123)

Roxburghii

1824 eingeführt

Art: ***Rosa roxburghii***

Syn.: **'Plena'**

Diese gefüllte Form von *Rosa roxburghii* stammt aus dem botanischen Garten von Kalkutta, der von Robert Roxburgh geleitet wurde. In dem vielfach gefiederten Laub an einem mit zahlreichen kleinen Stacheln bewehrten Holz, das sich abschält, haben die dicht gefüllten, dunkelrosa Blütenkelche eine überraschende Wirkung. Selten und sehr exotisch.

Abstammung: unbekannt
Wuchsform: Strauch, 1,5 x 1 m
Frostresistenz: ***
Blütezeit: dauerblühend, von Juni bis zum ersten Frost
Blütendurchmesser: 8 cm
Duft: schwach

124)

Rosa banksiae lutea

1824

Art: ***Rosa banksiae***

Syn.: **'Rosier de Banks'**

Ab April sorgt diese außergewöhnlich kräftige Kletterrose in Regionen milden Klimas für Aufsehen. Zunächst ist dieser Gelbton, der weder zitronengelb noch golden ist, ungewöhnlich. Weitere Merkmale: weder Stacheln noch Duft, unmöglich zu veredeln, schwer durch Stecklinge zu vermehren.

Abstammung: unbekannt, in Großbritannien durch John Parks eingeführt, dann zur Jahrhundertwende in Frankreich
Wuchsform: lianenartige Kletterrose, 7 bis 10 m oder sogar höher
Frostresistenz: *** (bis –15°C auf drainiertem Boden), blüht besser in gemäßigtem Klima
Blütezeit: April bis Mai, kurze Blütezeit, NR
Blütendurchmesser: 3 cm

127)

Adélaïde d'Orléans

1826

Art: ***Rosa sempervirens***

Eine halbimmergrüne, üppige Pflanze mit vereinzeltem Nachflor. Im Juni öffnen sich büschelweise angeordnete blassrosa bis weiße, halb gefüllte Rosen, die an die Blüte von Obstbäumen erinnern.

Abstammung: von Jacques, Gärtner des Herzogs von Orléans, gezüchtet
Wuchsform: lange, dünne Triebe mit üppigem Blattwerk
Frostresistenz: ***, bevorzugt aber warmes und sonniges Klima
Blütezeit: Mai bis Juni, mit einigen Nachblüten
Blütendurchmesser: 6 cm
Duft: **

131) Cristata

132) Beau Narcisse

134) Belle de Crécy

135) Maria Leonida

137) Camaïeux

131

Cristata

1826

Art: ***Rosa X centifolia***

Syn.: **'Chapeau de Napoléon'**

Bei warmem Wetter verströmt diese Rose einen starken, berauschenden Duft. Durch ihre breiten, stark ausgefransten Kelchblätter unterscheidet sie sich von *Rosa centifolia major* (s. S. 87). Der Wuchs ist nach oben ausladend.

Abstammung: von Vibert gezüchtet, 1827 eingeführt
Wuchsform: locker wachsender Strauch, 1,5 x 1,5 m
Frostresistenz: ***
Blütezeit: Mai bis Juni, NR
Blütendurchmesser: 8 cm
Duft: sehr intensiv

132

Beau Narcisse

Vor 1828

Art: ***Rosa gallica***

Man findet diese Sorte im *Rosetum gallicum* von Desportes, der sie dem Rosengärtner Miellez aus Lille zuweist. Ihre strahlende Blütenfarbe und ihr Name machen sie besonders anziehend. Sie ist eine der ersten Essigrosen *(Rosa gallica)*, die im Frühjahr blühen.

Abstammung: von Miellez gezüchtet
Wuchsform: Busch, 0,9 x 0,6 m
Frostresistenz: ***
Blütezeit: Mai, NR
Blütendurchmesser: 7 cm
Duft: **

134)

Belle de Crécy

1829

Art: ***Rosa gallica***

In ihrem reichen Farbenspiel vereint die leicht zu ziehende Sorte die prächtigen Schattierungen der Essigrosen von Kirschrot bis Violettrosa. Gegen Ende der Blütezeit geht ihre Färbung ins Lila über. Die inneren Blütenblätter sind eingerollt und geben den Blick auf grünliche Narben frei. Die nur mit wenigen Stacheln bedeckten Triebe biegen sich unter der reichen Blütenlast.

Abstammung: Roeser zugesprochen
Wuchsform: Busch, Wurzelschösslinge treibend, 1,2 x 1 m
Frostresistenz: ***
Blütezeit: Mai bis Juni, NR
Blütendurchmesser: 7 cm
Duft: ***

135)

Maria Leonida

1829

***Rosa bracteata*-Hybride**

Als Kreuzung von *Rosa bracteata* mit *Rosa laevigata* (s. S. 53 und 48) vereinigt dieser Rosenstrauch ein starkes Wachstum, eine andauernde Blütezeit und in vier Segmente angeordnete Kronblätter, was außergewöhnlich ist. Die Kletterrose bevorzugt einen geschützten Standort, ihre gefüllten Blüten vertragen Regen schlecht. Was ihre Stacheln angeht, wehe dem, der an ihnen hängen bleibt. Im Juli und im August wunderschön.

Abstammung: von Lemoyne gezüchtet
Wuchsform: Kletterrose mit üppigem Wuchs
Frostresistenz: ** (bis –8°C)
Blütezeit: dauerblühend, von Juli bis Oktober
Blütendurchmesser: 7 cm
Duft: nach Tee duftend

137)

Camaïeux

1830

Art: ***Rosa gallica***

Die faszinierende, Ton in Ton verlaufende Farbskala reicht von Blassrosa über Magenta bis hin zu Grauviolett. Die Blütenblätter sind gewellt, das Laub ist etwas runzelig – es ist eine ganz unverwechselbare Rose.

Abstammung: von Vibert eingeführt
Wuchsform: schmächtiger, mäßig wuchsfreudiger Busch, 0,8 x 0,6 m
Frostresistenz: ***
Blütezeit: Mai bis Juni, NR
Blütendurchmesser: 8 cm
Duft: ***

140) Ispahan

141) Mme Hardy

143) Cramoisi Supérieur

144) Surpasse Tout

145) Chloris

140)

Ispahan

Vor 1832

Art: ***Rosa* X *damascena***

Syn.: **'Pompon des Princes', 'Rose d'Ispahan'**

Ohne Zweifel ist diese Rose aus den maurischen Gärten zu uns gekommen. Auf den Märkten im heutigen Iran werden kleine getrocknete Knospen nach Gewicht verkauft, die offensichtlich zu dieser Sorte gehören, während die Blüten zur Extraktion von Rosenessenz kultiviert werden. Der Blütenflor ist üppig und die Blütezeit verlängert.

Abstammung: unbekannt
Wuchsform: Busch mit dünnen, überhängenden Trieben, 0,9 x 0,9 m
Frostresistenz: ***
Blütezeit: Mai bis Juni, NR
Blütendurchmesser: 7 cm
Duft: **

141)

Mme Hardy

1832

Art: ***Rosa* X *damascena***

Syn.: **'Pompon des Princes', 'Rose d'Ispahan'**

Eugène Hardy führte als Gärtner am Jardin du Luxembourg in Paris viele Hybridisierungen aus. Die Sammlung von André Du Pont, dem Hauptlieferanten von Kaiserin Joséphine, wurde 1813 in diesen Garten transferiert, den er selbst von 1817 bis 1859 leitete. 'Mme Hardy' wurde berühmt durch die viel zitierte Anpflanzung im dortigen *Carré des Roses*.

Abstammung: von Hardy gezüchtet
Wuchsform: kräftiger Busch, 1 bis 2 m
Frostresistenz: ***
Blütezeit: Mai bis Juni, NR
Blütendurchmesser: 7 cm
Duft: ***

143

Cramoisi Supérieur

1832

Art: ***Rosa chinensis***

Syn.: **'Éblouissante', 'Agrippina'**

Dies ist eine der zahlreichen Rosen aus China mit leuchtend roten Blüten und einem dauerblühenden Flor. Sie ist ziemlich selten, denn sie ist sehr schwer zu vermehren. Die jungen Triebe sind mahagonifarben. Trotz der sich konstant erneuernden Triebe bleibt der Rosenstrauch klein.

Abstammung: von Coquereau, einem Laien-Züchter nahe Angers
Wuchsform: kleiner, lockerwüchsiger Strauch, 0,5 x 0,4 m
Frostresistenz: **, bevorzugt Wärme
Blütezeit: dauerblühend, von Mai bis zum ersten Frost
Blütendurchmesser: 6 cm
Duft: leichter Duft

144

Surpasse Tout

Vor 1832

Art: ***Rosa gallica***

So wie es im *Rosetum gallicum* verzeichnet ist, stammt diese Sorte aus Holland. Trotz ihres Namens wächst sie nur als bescheidener Strauch von mittlerer Wuchskraft, dessen Blütezeit nicht besonders lange andauert. Dagegen duftet sie köstlich.

Abstammung: unbekannt
Wuchsform: Busch, 0,7 x 0,6 m
Frostresistenz: ***
Blütezeit: Juni, NR
Blütendurchmesser: 7 cm
Duft: ***

145

Chloris

1835

Art: ***Rosa X alba***

Syn.: **'Rosée du Matin', 'Belle Élise'**

Dies ist ein prachtvoller, fast unbewehrter Strauch mit großem, üppigem und weichem Laub, der keine besondere Pflege verlangt. Er bildet viele anmutige, in der Knospe spindelartig gedrehte Rosen aus, deren Kronblätter um ein grünes Auge herum eingerollt sind. Trotz dieser großen Qualitäten wird die Sorte relativ selten angepflanzt.

Abstammung: von Nicolas-Joseph Prévost nahe Rouen gezüchtet
Wuchsform: Strauch, anpassungsfähige Wuchsform, 1,8 x 1,6 m
Frostresistenz: ***
Blütezeit: Mai bis Juni, NR
Blütendurchmesser: 6 cm
Duft: ***

148) Félicité Parmentier

150) Orpheline de Juillet

151) Louis-Philippe

153) Tuscany Superb

154) Devoniensis

155) Alain Blanchard

148)

Félicité Parmentier

1835

Art: ***Rosa X alba***

Die cremefarbenen, runden, dicht geschlossenen Knospen öffnen sich zu blassrosa Blüten, deren Kronblätter in Scheiben angeordnet sind. Unter den Alten Rosen gehört diese zu den Sorten, die am intensivsten duften.

Abstammung: von Joseph Parmentier aus Enghien nahe Paris gezüchtet
Wuchsform: Strauch, 1,5 x 1,2 m
Frostresistenz: ***
Blütezeit: Mai bis Juni, NR
Blütendurchmesser: 5 cm
Duft: ***

150)

Orpheline de Juillet

Vor 1836

Art: ***Rosa gallica***

Diese prächtige dunkelrote Rose trägt einen rätselhaften Namen. Ist die 'Juli-Waise' eine Überlebende der Französischen Revolution? Weder die Blume noch ihr Name werden ihren Betrachter gleichgültig lassen. Zudem verströmt sie einen herrlichen Duft.

Abstammung: unbekannt
Wuchsform: Busch, 1,2 x 1 m
Frostresistenz: ***
Blütezeit: Mai bis Juni
Blütendurchmesser: 8 cm
Duft: angenehm

151)

Louis-Philippe

1836

Art: ***Rosa gallica***

Eine Louis-Philippe-Rose! Sie erscheint im Katalog von Vibert, der während der Regierungszeit von Louis-Philippe veröffentlicht wurde. Mehrere Rosen tragen diesen Namen, aber sie ist die einzige Sorte der *Rosa gallica*. Sie bildet einen schönen Busch mit strahlenden Blüten und ist sehr leicht zu kultivieren.

Abstammung: unbekannt
Wuchsform: Busch, 0,8 x 0,6 m
Frostresistenz: ***
Blütezeit: Mai bis Juni, NR
Blütendurchmesser: 8 cm
Duft: angenehm

153)

Tuscany Superb

1837

Art: ***Rosa gallica***

Syn.: **'River's Superb Tuscan'**

Aus einem Sämling von 'Tuscany' (s. S. 89) erhielt der amerikanische Amateur-Züchter Charles A. Walker in England diese Sorte. Ihre Blüte ist größer, aber weniger gefüllt, die zahlreichen Staubblätter heben sich vom Samt der Kronblätter ab. Der Strauch ist weniger dicht beblättert und wirkt nicht so harmonisch wie die Sorte 'Tuscany'.

Abstammung: Sämling von »Tuscany«
Wuchsform: aufrechter Busch, 1,3 x 1 m
Frostresistenz: ***
Blütezeit: Mai bis Juni, NR
Blütendurchmesser: 8 cm
Duft: **

154)

Devoniensis

1838

Teehybride

Syn.: **'Magnolia Rose'**

An den Enden der jungen, mahagonifarbenen Triebe sprießen unablässig breite, cremefarbene Blüten mit einem Hauch von Gelb und Rosa. Diese Rose wird oft mit der Kletterform von »Souvenir de la Malmaison« verwechselt, ist aber noch raffinierter. Nur für sehr geschützte Lagen. Erfordert Winterschutz.

Abstammung: unbekannt; von Foster in Devonshire, England, gezüchtet
Wuchsform: Kletterrose, 3 bis 4 m
Frostresistenz: ** (bis –5°C)
Blütezeit: dauerblühend, von Mai bis zum ersten Frost
Blütendurchmesser: 9 cm
Duft: guter Duft nach Tee

155)

Alain Blanchard

1839

Art: ***Rosa gallica***

Trotz der beeindruckenden Schönheit ihrer Blüten wird die nur mäßig wachsende Rose selten angebaut. In den halb gefüllten, purpurfarbenen Blüten mit rosa und braunen Sprenkeln leuchten golden die Staubgefäße.

Abstammung: von Vibert gezüchtet
Wuchsform: Busch, 1,2 x 1 m
Frostresistenz: ***
Blütezeit: Mai bis Juni, NR
Blütendurchmesser: 8 cm
Duft: ***

158) Cardinal de Richelieu

160) Prince Charles

161) Ohl

162) Viridiflora

163) Yolande d'Aragon

158)

Cardinal de Richelieu

1840

Art: ***Rosa gallica***

Diese Sorte hat dünne und fast stachellose Triebe. Die vollkommen runden Knospen öffnen sich Blatt um Blatt zu einer dunkelvioletten Blüte mit weißem Herzen. Ihre Kultur ist etwas heikel.

Abstammung: unbekannt; von Laffay eingeführt
Wuchsform: Busch, ohne Halt, 1,2 x 1 m
Frostresistenz: ***
Blütezeit: Mai bis Juni, NR
Blütendurchmesser: 7 cm
Duft: **, aber leicht

160)

Prince Charles

1842

Art: ***Rosa borboniana***

Für diese Rose ist es am besten, einen Standort mit fruchtbarer, gut drainierter Erde zu wählen. Sie blüht sehr üppig, erneuert aber ihre Blüten nicht, wie man es für eine Sorte aus einer generell öfter blühenden Rosengruppe erwarten würde. Sicherlich ist dies der Grund, warum diese Rose in unseren Gärten so wenig präsent ist.

Abstammung: unbekannt
Wuchsform: Busch, 1 bis 2 m
Frostresistenz: ***
Blütezeit: Mai bis Juni, NR
Blütendurchmesser: 8 cm
Duft: **

161)

Ohl

Vor 1843

Art: ***Rosa gallica***

Diese seltene und wunderschöne Rose, die vielleicht ihren Namen von einer gewissen Madame Ohl erhalten hat, steht seit 1844 im Katalog der Baumschule Oudin in Lisieux, strömt einen köstlichen Duft aus, blüht lange, wächst problemlos … und verdient es, erhalten zu werden.

Abstammung: unbekannt
Wuchsform: Busch, 1,5 x 1 m
Frostresistenz: ***
Blütezeit: Mai bis Juni, NR
Blütendurchmesser: 7 cm
Duft: ***

162)

Viridiflora

Vor 1856

Art: ***Rosa chinensis***
Syn.: **'La Rose Verte'**

Diese Sorte ist die von allen Rosen am häufigsten remontierende. Ihre Blüten bestehen aus braunen und grünen, völlig zerzausten Deckblättern! Mit ihr lassen sich exotische Flecken im Garten oder Sträuße interessant gestalten.

Abstammung: unbekannt, in China entdeckt
Wuchsform: Busch, 1 x 0,7 m
Frostresistenz: ***
Blütezeit: dauerblühend, von Mai bis zum ersten Frost
Blütendurchmesser: 4 cm

163)

Yolande d'Aragon

1843

Art: ***Rosa X portlandica***

Alles ist groß bei diesem Rosenstock mit hellem Laub: Blüten, Zahl der Kronblätter, Fiederblätter, hoch aufgeschossener Wuchs, Schönheit und Ansehen. Aber dieser Rosenstrauch altert schlecht und erneuert seine kahlen Triebe nur wenig, weshalb es empfehlenswert ist, nach etwa zehn Jahren ein neues Individuum zu pflanzen, um die Sorte im Garten zu behalten.

Abstammung: unbekannt, von Vibert gezüchtet
Wuchsform: aufrechter Busch, 1,5 x 1m
Frostresistenz: ***
Blütezeit: im Frühling sehr eindrucksvoll, mit einigen weniger üppigen Nachblüten
Blütendurchmesser: 9 cm
Duft: köstlich

166] Souvenir de La Malmaison

168) Belle Isis

169) Blairi N° 2

170) Nuits de Young

171) Laure Davoust

166)

Souvenir de La Malmaison

1843

Art: ***Rosa gallica***

Syn.: **'Queen of Beauty', 'Flagrance'**

Bei trockenem Wetter ist diese berühmte Rose eine der eindrucksvollsten überhaupt, wenn sich die großen, gefüllten und kunstvollen Blüten in der Sonne oder im Halbschatten entfalten. Dagegen schadet der kleinste Regenschauer der Vollkommenheit ihrer Blüten. Ihre Wuchskraft und ihr Duft variieren von Garten zu Garten.

Abstammung: von Jean Beluze nahe Lyon gezüchtet, Kreuzung von 'Madame Desprez' mit einer Teerose
Wuchsform: Busch verschiedener Größe
Frostresistenz: ***
Blütezeit: gut remontierend
Blütendurchmesser: 9 cm
Duft: schwach bis ***

168)

Belle Isis

1845

Art: ***Rosa X borboniana***

Dieser schöne Rosenstrauch blüht lange mit vielen, hübschen, blassrosa Blüten, die einen besonderen Duft ausströmen, der sich von den meisten anderen *Gallica*-Rosen unterscheidet. Man kann ihn bei den Blüten der Sorte 'Constance Spry' wiederfinden, der ersten aus der Linie der »Englischen Rosen«, die der Rosenzüchter David Austin mit Hilfe dieser Sorte erhalten hat.

Abstammung: unbekannt, von Parmentier aus Belgien gezüchtet
Wuchsform: Busch mit zahlreichen schlanken und biegsamen Trieben
Frostresistenz: ***
Blütezeit: Mai bis Juni, NR
Blütendurchmesser: 6 cm
Duft: mehr oder weniger geschätzt

169)

Blairi No. 2

1845

Art: ***Rosa gallica***

Es ist die zweite Züchtung von M. Blair aus Großbritannien. Diese Rose hat eine enorme Wuchskraft und verströmt ihren Duft im ganzen Garten. Ihre mahagonifarbenen jungen Triebe werden allmählich dunkelgrün. Man lässt diese Art besser über eine Pergola als an einer Mauer entlang wachsen, wo sie anfällig gegen Mehltau wäre. Außerdem bevorzugt sie einen Standort im Halbschatten.

Abstammung: unbekannt
Wuchsform: Kletterrose, 3 bis 4 m
Frostresistenz: ***
Blütezeit: Mai bis Juni, NR
Blütendurchmesser: 8 bis 9 cm
Duft: sehr stark

170)

Nuits de Young

1845

Art: ***Rosa chinensis***
Syn.: **'Blackmoss'**

Alles an diesem Rosenstock wirkt dunkel. Goldene Staubgefäße zieren die Blüten in einem tiefen, samtigen Purpurrot. Triebe und Knospen sind stark bemoost und verströmen einen köstlichen Harzgeruch.

Abstammung: unbekannt, von Laffay gezüchtet
Wuchsform: schlanker Busch, 1,2 x 0,9 m
Frostresistenz: ***
Blütezeit: Juni, NR
Blütendurchmesser: 5 cm
Duft: ***, Triebe und Blüten duftend

171)

Laure Davoust

1846

Art: ***Rosa X portlandia***

An diesem Rosenstock ist einfach alles schön: Er bringt eine Überfülle von rosafarbenen Blüten mit einem Stich Lila hervor, die in dichten Pompons zusammensitzen und wunderbar duften. Das längliche Laub ist bläulich, die Wuchskraft außergewöhnlich.

Abstammung: von Laffay gezüchtet
Wuchsform: mit langen, dünnen Trieben oder als lianenartige Kletterrose
Frostresistenz: ***
Blütezeit: Mai bis Juni, NR, mit einigen Nachblüten
Blütendurchmesser: 4 cm
Duft: ***

174) Louis Van Till

175) Mme Legras de Saint-Germain

176) Tricolore des Flandres

177) Juno

179) Béranger

174)

Louis Van Till

Vor 1846

Art: ***Rosa gallica***

Diese stark gefüllte Rose, deren Eltern nicht bekannt sind, hat die klassische, im Blüteninneren intensivere Färbung der Alten Rosen. In voller Sonne gepflanzt, verströmt sie einen betörenden Duft.

Abstammung: unbekannt
Wuchsform: Busch, 1,2 x 0,9 m
Frostresistenz: ***
Blütezeit: Mai bis Juni, NR
Blütendurchmesser: 7 cm
Duft: köstlich

175)

Mme Legras de Saint-Germain

1846

Art: ***Rosa* X *alba***

Dieser kräftige, stachellose Rosenstrauch entwickelt in Hülle und Fülle große, vollkommene, gefüllte Blüten, die ganz köstlich duften. Er wächst absolut gleichmäßig und braucht deshalb nur jedes zweite Jahr zurückgeschnitten zu werden.

Abstammung: unbekannt
Wuchsform: Strauch, 2 x 1,6 m
Frostresistenz: ***
Blütezeit: Mai bis Juni, NR
Blütendurchmesser: 8 cm
Duft: köstlich

176)

Tricolore des Flandres

1846

Art: ***Rosa gallica***

Auf den zahlreichen, abgerundeten, dicht gedrängt stehenden Kronblättern heben sich die Streifen gut gegeneinander ab. Bemerkenswert ist auch die Wuchskraft dieses Rosenstrauches, der so königliche Blüten hervorbringt. Es ist eine brillante, wenig anspruchsvolle Sorte.

Abstammung: unbekannt
Wuchsform: aufrechter Busch, 1,4 m
Frostresistenz: ***
Blütezeit: Mai bis Juni, NR
Blütendurchmesser: 7 cm
Duft: **

177)

Juno

1847

Art: ***Rosa X centifolia***

Der Rosenbusch biegt sich unter der Last seiner kugeligen und später sehr breiten Blüten. Ihre an Perlmutt erinnernde blassrosa Färbung, die zu den Rändern hin etwas dunkler ausläuft, kontrastiert mit dem matten, dunklen Grün des Laubes. 'Juno' wird nur selten angepflanzt, obwohl sie sehr eindrucksvoll aussieht.

Abstammung: unbekannt, von Laffay gezüchtet
Wuchsform: kräftiger Busch von lockerem Wuchs, 1,4 x 1,2 m
Frostresistenz: ***
Blütezeit: Mai bis Juni, NR
Blütendurchmesser: 10 cm
Duft: ***

179)

Béranger

1849

Art: ***Rosa X centifolia muscosa***

Diese Rose sucht man in unseren Gärten vergebens. Ihre mit feinen Stacheln besetzten Triebe enden in anmutigen rosa Blüten mit in der Mitte eingerollten Petalen. Gute Wuchskraft.

Abstammung: unbekannt, von Vibert gezüchtet
Wuchsform: ausladend wachsender Busch
Frostresistenz: ***
Blütezeit: Mai bis Juni, NR
Blütendurchmesser: 6 cm
Duft: **

183) La Ville de Bruxelles

184) Dembrowski

185) Ville de Londres

186) Fantin-Latour

187) Rose des Maures

189) Hippolyte

183) La Ville de Bruxelles

1849

Art: ***Rosa X damascena***

Der Rosenbusch hat durchgebogene Zweige. Die rosafarbenen breiten Blüten sind unten flach und oben gewölbt. Kurze Blütenblätter sind zur Mitte hin eingerollt und außen kunstvoll angeordnet.

Abstammung: unbekannt, von Vibert gezüchtet
Wuchsform: kräftiger, aufrecht wachsender Busch, 1,5 x 1 m
Frostresistenz: ***
Blütezeit: Mai bis Juni, NR
Blütendurchmesser: 9 cm
Duft: köstlich

184) Dembrowski

1849

Remontantrosa

Eine untypische Hybride: ihre Blüten ähneln denjenigen der *Gallica*-Rosen und sind nicht remontierend. Dagegen zeugt ihr Blattwerk von einer anderen Gruppenzugehörigkeit. Diese Sorte hat eine große Wuchskraft und zeigt nicht die Mängel der Remontanten. Trotzdem wird sie ziemlich selten angepflanzt.

Abstammung: unbekannt, von Vibert gezüchtet
Wuchsform: Busch, 1,2 x 1 m
Frostresistenz: ***
Blütezeit: Mai bis Juni, NR
Blütendurchmesser: 7 cm
Duft: leicht

185) Ville de Londres

1850

Art: ***Rosa gallica***

Von dem Rosengärtner Robert, dem Nachfolger von Vibert, gezüchtet, zeichnet sich diese Rose durch eine üppige und lang andauernde Blüte aus. Ihre strahlend roten Blüten lassen selbst eine dunkle Mauer aus der Ferne leuchten. Sie ist völlig anspruchslos.

Abstammung: von Robert gezüchtet
Wuchsform: Busch, 1,3 x 1 m
Frostresistenz: ***
Blütezeit: Mai bis Juni, NR
Blütendurchmesser: 8 cm
Duft: ***

186)

Fantin-Latour

Datierung unbekannt

Art: ***Rosa X centifolia***

Über die Herkunft dieser Rose ist nicht viel mehr bekannt, als dass sie nach dem französischen Blumenmaler benannt wurde und das Prädikat »Best Garden Rose« erhielt. Das Laub ist das einer chinesischen Rose. Die fleischfarbene Blüte ist im Zentrum intensiver gefärbt. Diese äußerst wuchsfreudige und robuste Rose blüht sehr lange.

Abstammung: unbekannt
Wuchsform: Strauch, 1,5 x 1,5 m
Frostresistenz: ***
Blütezeit: Mai bis Juni, NR
Blütendurchmesser: 9 cm
Duft: **

187)

Rose des Maures

Datierung unbekannt

Art: ***Rosa gallica***

Syn.: **'Sissinghurst Castle'**

Diese Sorte, sicherlich ziemlich alt, war lange verschwunden. Die englische Romanschriftstellerin Vita Sackville-West hat diese Rosensorte »wiedergefunden«. 1947 wuchs sie wild in ihrem Garten von Sissinghurst Castle, der heute zu den meistbesuchten in ganz Europa gehört.

Abstammung: unbekannt
Wuchsform: Busch, 1,2 x 0,9 m
Frostresistenz: ***
Blütezeit: Mai bis Juni, NR
Blütendurchmesser: 7 cm
Duft: leicht

189)

Hippolyte

Datierung unbekannt

Art: ***Rosa gallica***

Dieser Rosenbusch unbekannten Ursprungs hat fast keine Stacheln. Die flachen Blüten werden entgegen der klassischen Anordnung zur Mitte hin heller. Der an feinen Nuancen reiche Blütenkelch ist im Aufblühen besonders sehenswert.

Abstammung: unbekannt
Wuchsform: Busch, 1,5 x 1 m
Frostresistenz: ***
Blütezeit: Mai bis Juni, NR
Blütendurchmesser: 6 cm
Duft: **

Rosen

Napoleon III. und das »Fin de siècle«

Napoleon III.
und das »Fin de siècle«

Rot oder rosa, die Rose trägt von nun an die auffälligsten Farben. Man liebt sie leuchtend, groß, duftend, häufig ist sie Persönlichkeiten gewidmet. Manche Rosen sind weiß, aber noch ist keine gelb. Fantasie, Kreativität und Wettstreit entwickeln sich gerade im 19. Jahrhundert. Hunderte von Rosensorten werden geschaffen, von denen viele wieder verloren gehen.

Napoleon III. (1852–1870) beauftragt den Präfekten des Départements der Seine, Baron Haussmann, mit der Umgestaltung von Paris. Er legt große, von Bäumen gesäumte Alleen, öffentliche Anlagen und nach englischem Vorbild gestaltete Promenaden an. Ab 1860 wird dieser Stil in ganz Europa zum Vorbild.

In der Gartenkunst herrschen zwei Richtungen vor: Auf der einen Seite die sehr strukturierten Ziergärten, die dem Bürgertum vorbehalten bleiben, ausgestattet mit Metallgestellen zum Abstützen der Kletterrosen. Auf der anderen Seite steht der Reiz des Einfachen und des Natürlichen, wie er in England durch William Robinson gepriesen wird. Er regt dazu an,

romantische Gärten zu schaffen, wie sie bei Intellektuellen und Künstlern beliebt sind, die dem Aufblühen einer einzelnen Rose Aufmerksamkeit schenken. Sie lieben die Intimität des romantischen Gartens, seine geschmeidigen Formen und seine Stimmungen und die Einführung zahlreicher Pflanzen jeglicher Herkunft. Die Rosenzüchter bringen neue Rosen auf den Markt, die sie durch Kreuzungen, besonders mit Ausläufer treibenden Arten aus dem Fernen Osten, erhalten haben.
Gegen Ende des 19. Jahrhunderts suchen die Rosenzüchter vor allem nach der gelben Blütenfarbe, die bei Rosen sehr selten vorkommt. Sie konzentrieren ihre Arbeit auf Rosen aus China, die Liebhaber von dort mitgebracht haben, und bilden eine neue Gruppe von Kletterrosen, indem sie sie mit Noisettiana-Hybriden kreuzen: die Teehybriden mit gelben bis rosafarbenen Blüten. Man träumt davon, das ganze Jahr hindurch blühende Rosen zu haben. Einem Künstler gleich hat jeder Rosenzüchter seinen ureigenen Stil. Die 'Pâquerette' etwa, die allererste Polyantha-Rose, die heute unauffindbar ist, stammt aus der Familie Guillot, ebenso wie die Sorte 'Mignonnette', deren kleine Blütensträußchen sich den ganzen Sommer über erneuern.

197) Mme de la Roche-Lambert

198) Louise Odier

199) Capitaine John Ingram

200) Salet

201) Alfred de Dalmas

197)

Mme de la Roche-Lambert

1851

Art: ***Rosa X centifolia muscosa***

Bestimmt war diese Rose sehr beliebt, denn man findet sie noch oft in alten Gärten. Ihre Qualitäten sind außergewöhnlich: eine schöne intensive Farbe, ein herrlicher Duft, der aus den Trieben strömt, und wie von braunem Moos bedeckte Fiederblättchen und Blüten; außerdem eine geschmeidige Wuchsform und eine lange Blütezeit.

Abstammung: unbekannt, von Robert gezüchtet
Wuchsform: dichter Busch, 1,2 x 1 m
Frostresistenz: ***
Blütezeit: Mai bis Juni, NR
Blütendurchmesser: 7 cm
Duft: ***

198)

Louise Odier

1851

Art: ***Rosa X borboniana***

Ein Zuchterfolg von Margottin, dem Chef-Gärtner des Jardin du Luxembourg, der später Rosengärtner wurde. Ihre gute Wuchskraft macht sie zu einer der besten Bourbonrosen. Die kelchförmigen Blüten haben eine regelmäßige Form, die an kleine Kohlköpfe erinnert, und besitzen ein kräftiges, manchmal leicht ins Lila spielende Rosa. Sie erscheinen immer wieder in kleinen Büscheln vom Frühjahr bis zum Frost und duften herrlich.

Abstammung: unbekannt, von Margottin gezüchtet
Wuchsform: Strauch unterschiedlicher Größe, 1,5 x 2,5 m
Frostresistenz: ***
Blütezeit: gut remontierend
Blütendurchmesser: 6 cm
Duft: köstlich

199)

Capitaine John Ingram

1854

Art: ***Rosa* X *centifolia muscosa***

Unter den roten Rosen ist dies diejenige, deren tiefrote Farbe beinahe ins Violett übergeht. Ihre rubinroten Pompons verbreiten einen köstlichen Duft. Der Busch bleibt ziemlich klein, aber dicht.

Abstammung: unbekannt, von Laffay gezüchtet
Wuchsform: Busch mit feinen Trieben, 1,2 x 0,7 m
Frostresistenz: ***
Blütezeit: Mai bis Juni, NR
Blütendurchmesser: 6 cm
Duft: köstlich

200)

Salet

1854

Art: ***Rosa* X *centifolia muscosa***

Der anspruchslose Rosenstrauch bringt unablässig bis in den Herbst hinein leicht bemoost wirkende Rosen hervor. Die mittelgroßen, dicht gefüllten Blüten haben zur Mitte hin eingerollte Blütenblätter. Sie sind hellrosa und fein geformt. Regen kann das Aufblühen verhindern.

Abstammung: unbekannt, von Lacharme gezüchtet
Wuchsform: Strauch, 1,6 x 1,3 m
Frostresistenz: ***
Blütezeit: sehr gut remontierend, von Mai bis zum ersten Frost
Blütendurchmesser: 7 cm
Duft: köstlich

201)

Alfred de Dalmas

1855

Art: ***Rosa* X *centifolia muscosa***

Syn.: **'Mousseline'**

Diese Sorte wurde von Portemer in Gentilly bei Paris gezüchtet und trägt perlmuttfarbene, kelchförmige Blüten mit in der Mitte sichtbaren Staubfäden. Die spärlich bemoosten Triebe tragen nur wenig Stacheln. Nachblühend mit Ausläufern.

Abstammung: unbekannt, von Portemer gezüchtet
Wuchsform: Wurzelschösslinge treibender Busch, 0,9 x 0,8 m
Frostresistenz: ***
Blütezeit: gut remontierend
Blütendurchmesser: 7 cm
Duft: **

204) William Lobb

205) Général Kleber

206) La Caille

207) Marbrée

208) Baron J.-B. Gonella

210) Comte de Chambord

204

William Lobb

1855

Art: ***Rosa* X *centifolia muscosa***

Syn.: **'Duchesse d'Istrie', 'Old Velvet Rose'**

Kennzeichen des stark bemoosten Rosenstrauchs sind seine Größe und die purpurviolette Blütenfarbe, die in ein Lilagrau übergeht. Wegen des nach oben ausladenden Wuchses eignen sich Dauergewächse am Fuß seines Stammes. Sehr dekorativer Strauch.

Abstammung: unbekannt, von Laffay gezüchtet
Wuchsform: Strauch von ausladendem Wuchs, 1,8 x 1,8 m
Frostresistenz: ***
Blütezeit: Mai bis Juni, NR
Blütendurchmesser: 8 cm
Duft: ***
Früchte: behaart und dekorativ

205

Général Kleber

1856

Art: ***Rosa* X *centifolia muscosa***

Die Stiele sind von gelblich grünem Moos bedeckt, und ihre Blüten sind zartrosa gefärbt. Der Strauch bildet gerade genug Wurzelschösslinge, um jedes Jahr mit neuen Trieben wieder makellos zu erscheinen. Es ist eine sehr schöne Sorte, die von Bonaparte zu Ehren des Generals Kleber, der 1800 in Ägypten ermordet wurde, benannt wurde.

Abstammung: unbekannt, von Robert gezüchtet
Wuchsform: Busch, 1,2 x 1 m
Frostresistenz: ***
Blütezeit: Mai bis Juni, NR
Blütendurchmesser: 8 cm
Duft: **

206

La Caille

1857

Art: ***Rosa* X *centifolia muscosa* 'La Caille' (Wachtel)**

Der Name eines Vogels für eine Rose! Er passt perfekt zu ihr, denn ihre kugeligen Blüten sitzen dicht gedrängt wie Vogelnester in dem bemoosten Blattwerk, mit dem sie aufgrund ihrer unbestimmten Farbe verschmelzen.

Abstammung: unbekannt, von den Baumschulgärtnern Moreau-Robert gezüchtet
Wuchsform: kräftiger, ausladend wachsender Strauch, 1,5 x 1,2 m
Frostresistenz: ***
Blütezeit: Mai bis Juni, NR
Blütendurchmesser: 7 cm
Duft: ***

207)

Marbrée

1858

Art: ***Rosa X portlandica***

Die langen Fiederblättchen kennzeichnen diese Rose eindeutig als Portlandrose. Ihre bewundernswerten Kronen sind aus himbeerroten, mit kleinen hellrosa Punkten gesprenkelten Blütenblättern gebildet. Im Zentrum der Blüte leuchten zahlreiche Staubblätter!

Abstammung: unbekannt, von den Baumschulgärtnern Moreau-Robert gezüchtet
Wuchsform: aufrechter Busch, 1 m
Frostresistenz: ***
Blütezeit: Mai bis Juni, bis zum Herbst leicht remontierend
Blütendurchmesser: 8 cm
Duft: **

208)

Baron J.-B. Gonella

1859

Art: ***Rosa X borboniana***

Diese Rose ist wahrscheinlich ein Abkömmling der sehr schönen Sorte 'Louise Odier' (s. S. 198) und wächst ebenfalls sehr üppig. Die großen, kelchförmigen Blüten sind himbeerrot, und auch ihr Duft erinnert an diese Frucht. Blüht mehrmals. Für Blumensträuße ideal.

Abstammung: unbekannt, von Pierre Guillot d. Ä. gezüchtet
Wuchsform: Busch, 1,5 x 1 m
Frostresistenz: ***
Blütezeit: remontierend
Blütendurchmesser: 8 cm
Duft: **, an Himbeeren erinnernd

210)

Comte de Chambord

1860

Art: ***Rosa X portlandica***

Anmutig entfalten sich die ins Lila übergehenden rosa Blütenblätter. Gute Nachblüte und hervorragender Duft.

Abstammung: unbekannt, von den Baumschulgärtnern Moreau-Robert gezüchtet
Wuchsform: Busch, im Allgemeinen nicht von kräftigem Wuchs, 0,7 x 0,4 m
Frostresistenz: ***
Blütezeit: gut remontierend
Blütendurchmesser: 8 cm
Duft: köstlich

214) Henri Martin

217) Souvenir du Docteur Jamain

218) Boule de Neige

221) Jacques Cartier

222) Zéphirine Drouhin

214)

Henri Martin

1863

Art: ***Rosa X centifolia muscosa***

Syn.: **'Red Moss'**

Die Triebe, Knospen und Hagebutten dieser Rose sind eher mit geraden Stacheln als mit Moos bedeckt. Die Blüten in erlesen leuchtendem Rot vertragen Regenwetter gut. Unkomplizierte Sorte.

Abstammung: unbekannt, von Laffay gezüchtet
Wuchsform: Busch, 1,2 x 0,9 m
Frostresistenz: ***
Blütezeit: Mai bis Juni, NR
Blütendurchmesser: 7 cm
Duft: ***
Früchte: schön und behaart, den Winter überdauernd

217)

Souvenir du Docteur Jamain

1865

Remontantrose

Diese Rose ist nicht zu übersehen: neben ihrem warmen Farbton ist insbesondere die samtige Oberfläche der Blütenblätter hervorzuheben. Diese Rose verströmt einen herrlichen Duft. Der buschige Strauch ist kaum mit Stacheln besetzt und sollte auf gut drainiertem Boden gepflanzt werden. Er verträgt Hitze ebenso gut wie Frost.

Abstammung: unbekannt, von François Lacharme in Lyon gezüchtet
Wuchsform: Busch, 1,2 x 0,9 m
Frostresistenz: ***
Blütezeit: remontierend
Blütendurchmesser: 7 cm
Duft: ***

218)

Boule de Neige

1867

Art: ***Rosa X noisettiana***

Viele weiße »Schneebälle« mit einem Hauch von leuchtendem Rot bedecken mehrmals im Sommer diesen Busch mit seinen dunkelgrün glänzenden Blättern. Dieser Farbkontrast kommt bei den Knospen noch besser zur Geltung. Es ist von Vorteil, mehrere Individuen zusammenzupflanzen, um das oft lockere Blattwerk etwas auszugleichen.

Abstammung: unbekannt, von Lacharme gezüchtet
Wuchsform: aufrechter Busch, 1,2 x 0,9 m
Frostresistenz: ***
Blütezeit: sehr gut remontierend
Blütendurchmesser: 6 cm
Duft: **

221)

Jacques Cartier

1868

Art: ***Rosa X portlandica***

Dieser Rosenbusch von aufrechtem Wuchs trägt vollendet geformte, hellrosa Blüten mit eingerollten Blütenblättern. Die runden Knospen sind wie beim Klatschmohn in längliches Laub gehüllt. Blütezeit ist von Juni bis zum Frost. Diese Rose hat einen reichen Duft. Sehr leicht zu kultivieren und ganz unempfindlich gegen Hitze.

Abstammung: unbekannt, von den Baumschulgärtnern Moreau-Robert gezüchtet
Wuchsform: Busch, 1 x 0,8 m
Frostresistenz: ***
Blütezeit: remontierend
Blütendurchmesser: 8 cm
Duft: ***

222)

Zéphirine Drouhin

1868

Art: ***Rosa X borboniana***

Syn.: **'Charles Bonnet', 'Belle Lyonnaise'**

Diese stachellose Kletterrose bildet elegante, leuchtende, unifarbene und stark duftende Blüten aus. Überdies blüht sie mehrmals im Sommer. Je nach Standort entwickelt sie sich mehr oder weniger üppig. In Gegenden mit heißen Sommern sollte sie im Halbschatten gepflanzt werden.

Abstammung: unbekannt, von Bizot gezüchtet
Wuchsform: Kletterrose, mehr oder weniger hoch kletternd, 2 bis 4 m
Frostresistenz: ***
Blütezeit: gut remontierend
Blütendurchmesser: 8 cm
Duft: köstlich

226) Paul Neyron

227) Rêve d'Or

228) *Rosa banksiae lutescens*

229) Marie Van Houtte

230) Commandant Beaurepaire

231) Comtesse de Rocquigny

226]

Paul Neyron

1869

Remontantrose

Die berühmte Rose wird wegen ihrer riesigen, schalenförmigen, stark gefüllten, in vier Segmente geteilten und fleischigen Blüten geschätzt. Diese stehen auf ihren starken Stielen aufrecht; deshalb sind sie auch als Schnittblumen sehr geeignet. Zudem duften sie herrlich.

Abstammung: unbekannt, von Antoine Levet nahe Lyon gezüchtet
Wuchsform: aufrechter Busch, 1,2 x 0,7 m
Frostresistenz: ***
Blütezeit: remontierend
Blütendurchmesser: 12 cm
Duft: ***

227]

Rêve d'Or

1869

Art: ***Rosa X noisettiana***

Von allen gelb blühenden Noisettesorten ist diese Kletterrose am leichtesten zu ziehen. Die jungen Triebe sind purpurrot, das Laub ist glatt und hellgrün. Das warme Farbenspiel der Blüten reicht je nach Temperatur von Gelb bis hin zu rosigem Ocker. Vereinzeltem Nachflor im Sommer folgt im Herbst nochmals eine schöne Blüte.

Abstammung: aus einem Sämling von 'Mme Schultz' von Mme Veuve Ducher in Lyon gezüchtet
Wuchsform: Kletterrose, 4 m
Frostresistenz: *** (bis –12°C)
Blütezeit: remontierend und jedes Mal anders
Blütendurchmesser: 8 cm
Duft: **, nach Tee duftend

228]

Rosa banksiae lutescens

1870

Art: ***Rosa banksiae***

Diese in China entdeckte, fast stachellose Sorte wurde 1870 von Thomas Hanbury in England eingeführt. Sie ist viel seltener als *Rosa banksiae lutea*, mit der sie vom Laub und vom Wuchs her identisch ist. Von April bis Mai trägt sie Blüten in Chamoisgelb, die sehr schöne orangefarbene Staubgefäße besitzen.

Abstammung: China
Wuchsform: lianenartige Kletterrose, 5 bis 10 m
Frostresistenz: **, bevorzugt aber milde Temperaturen und drainierten Boden
Blütezeit: April bis Mai
Blütendurchmesser: 2,5 bis 3 cm
Duft: sehr schwach
Früchte: klein, rund und grün

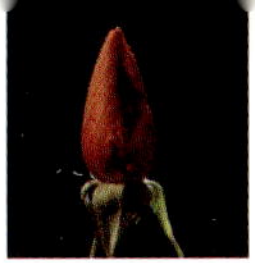

229)

Marie Van Houtte

1871

Art: ***Rosa chinensis***

Diese Sorte wurde von den Lyoner Baumschulgärtnern Ducher gezüchtet. Sie blüht ununterbrochen. Je nach Temperatur variieren Farbe und Form der Blüten. Sie sind jedoch immer von erlesener Eleganz und meist elfenbeinfarben bis hellgelb und hellrosa.

Abstammung: Kreuzung aus 'Mme de Tartas' und 'Mme Falcot'
Wuchsform: gut verzweigter Busch, 1,3 x 1,3 m
Frostresistenz: ** (bis –2°C), bevorzugt aber mildes Klima
Blütezeit: sehr gut remontierend
Blütendurchmesser: 7 cm
Duft: ***, nach Tee riechend

230)

Commandant Beaurepaire

1874

Art: ***Rosa X corboniana***

Syn.: **'Panachée d'Angers'**

Für eine Bourbonrose ist diese Sorte besonders wuchsstark. Sie entwickelt schalenförmige, gestreifte, panaschierte und auf tausendfache Art gesprenkelte Blüten, die ganz köstlich duften. Man kann sie alle drei bis vier Jahre kräftig zurückschneiden.

Abstammung: unbekannt, von den Baumschulgärtnern Moreau-Robert gezüchtet
Wuchsform: kräftiger Busch, 1,5 x 1,2 m
Frostresistenz: ***
Blütezeit: leicht remontierend
Blütendurchmesser: 8 cm
Duft: ***

231)

Comtesse de Rocquigny

1874

Art: ***Rosa X borboniana***

Dies ist eine schöne Bourbonrose mit kugeligen, weißen, lachsfarben überlaufenen Blüten, was in dieser Rosengruppe selten ist. Am besten pflanzt man sie in einem Beet zusammen mit Stauden mittlerer Größe.

Abstammung: unbekannt, von Vaurin gezüchtet
Wuchsform: Busch, 1,2 x 0,9 m
Frostresistenz: ***
Blütezeit: remontierend
Blütendurchmesser: 7 cm
Duft: **
Früchte: rot und birnenförmig

234) Général Shablikine

235) Mme Alfred Carrière

236) Mignonnette

237) Ulrich Brunner Fils

239) Mme Isaac Pereire

240) Mme Isaac Pereire

241) Narrow Water

234)

Général Shablikine

1878

Art: ***Rosa chinensis***

Unter den Bedingungen des Mittelmeerklimas blüht diese Rose bis Weihnachten, ja sogar das ganze Jahr über. Ihre großen Blüten werden von zahlreichen kupferfarbenen Kronblättern gebildet. Einer der besten Rosensträucher aus China.

Abstammung: unbekannt, von Nabonnand in Golfe-Juan gezüchtet
Wuchsform: gut verzweigter Busch, 1,3 x 0,9 m
Frostresistenz: **, bevorzugt aber milde Temperaturen
Blütezeit: fast dauerblühend
Blütendurchmesser: 8 cm
Duft: nach Tee duftend

235)

Mme Alfred Carrière

1878

Art: ***Rosa X noisettiana***

Dies ist die in England vielleicht beliebteste Kletterrose. Sehr reich blühend, lieblich duftend und rosig weiß, ist sie eine ausgesprochen romantische Rose. Weil sie zudem anspruchslos und in der Kultur unkompliziert ist, verdient sie einen besonders schönen Platz im Garten – weder zugig noch zu kalt.

Abstammung: unbekannt, von Joseph Schwartz in Lyon gezüchtet
Wuchsform: Kletterrose, 4 bis 8 m hoch
Frostresistenz: ***, bevorzugt aber milde Temperaturen
Blütezeit: sehr gut remontierend
Blütendurchmesser: 8 cm
Duft: ausgezeichneter Duft, aber nicht sehr intensiv

236)

Mignonnette

1880

Art: ***Rosa polyantha***

'Mignonnette' ist zusammen mit der heute verschollenen 'Paquerette' eine der beiden ersten Polyanthas und somit eine historische Rose. Sie trägt in üppigen Büscheln Zwergrosen, die in ihrem rosigen Weiß lieblich aussehen und bis zum ersten Frost immer weiter austreiben.

Abstammung: Kreuzung aus *Rosa multiflora* und *Rosa chinensis*, von Guillot Fils, den Söhnen Gillots d. Ä. in Lyon gezüchtet
Wuchsform: niedriger Busch, 0,4 x 0,4 m
Frostresistenz: ** (bis –2°C)
Blütezeit: dauerblühend, von Mai bis zum ersten Frost
Blütendurchmesser: 2,5 cm
Duft: **

237)

Ulrich Brunner Fils

1881

Remontantrose

Von allen Remontantrosen, die hauptsächlich unter mangelnder Wuchskraft leiden, ist dies eine der besten Sorten. Zwischen den Blühperioden bildet der Busch jedes Mal neues Holz. Die Rosen sind schalenförmig und duften äußerst angenehm.

Abstammung: unbekannt, von Levet gezüchtet
Wuchsform: aufrechter Busch, 1,2 x 0,7 m
Frostresistenz: ***
Blütezeit: remontierend
Blütendurchmesser: 8 cm
Duft: ***

239 / 240)

Mme Isaac Pereire

1881

Art: ***Rosa X borboniana***

Die kleine Kletterrose hat kräftige Triebe mit riesigen, stark duftenden karmesinrosa Blüten, die sich bis zum Herbst erneuern. Sie ist zum Beranken eines Mauerabschnitts oder eines architektonischen Gartenelements wie geschaffen, aber sie wächst nicht genug, um eine große Fläche zu bedecken.

Abstammung: unbekannt, von Armand Garçon gezüchtet
Wuchsform: kleine Kletterrose, 2,5 x 1,5 m
Frostresistenz: ***
Blütezeit: gut remontierend
Blütendurchmesser: 10 cm
Duft: köstlich
Früchte: gelb, rund

241)

Narrow Water

1883

***Rosa moschata*-Hybride**

Eine ideale Sorte: die kleinen Sträußchen blühen dauernd, sie duften angenehm und der Rosenstrauch ist gegenüber Krankheiten resistent. Seine Wuchskraft ist sehr variabel und wird durch große Sommerhitze geringfügig beeinträchtigt.

Abstammung: zweifellos eine Kreuzung zwischen *Rosa chinensis* und *Rosa moschata*, in der Baumschule Daisy Hill in Irland gezüchtet
Wuchsform: Strauch oder kleine Kletterrose, 1,8 bis 3 m hoch
Frostresistenz: ***
Blütezeit: gut remontierend
Blütendurchmesser: 4 cm
Duft: **

244) Perle d'Or

245) Geschwind Orden

246) Le Vésuve

249) Mme Laurette Messimy

250) Crimson Rambler

244)

Perle d'Or

1883

Art: ***Rosa chinensis***
Syn.: **'Yellow Cécile Brunner'**

Die Wuchskraft dieses Buschs ist von Garten zu Garten verschieden. Büschel kleiner bernsteinfarbener Blüten mit orangefarbenen Herzen treiben immer wieder neu durch. Die unterschiedlich langen Blütenblätter sind stark nach außen eingerollt.

Abstammung: unbekannt, von Dubreuil gezüchtet
Wuchsform: kräftiger, ungleich wachsender Busch, 0,8 x 1,5 m
Frostresistenz: ***, bevorzugt aber milde Temperaturen
Blütezeit: sehr reich blühend und remontierend
Blütendurchmesser: 4 cm
Duft: nach Tee

245)

Geschwind Orden

1886

***Rosa multiflora*-Hybride**

Die Rosensorten des französischen Züchters Geschwind sind gleichzeitig sehr frostresistent und originell. Diese Sorte hier bildet erstaunliche Blüten aus, deren Zentrum heller ist als der Blütenrand; genau umgekehrt dazu, wie man es gewöhnlich sieht. Zudem sind ihre purpurnen bis violetten Farbtöne bei einer Kletterrose eher selten.

Abstammung: Kreuzung von *Rosa rugosa* und *Rosa multiflora*
Wuchsform: Kletterrose, bis 3 m hoch
Frostresistenz: *** (bis –20°C)
Blütezeit: Mai bis Juni, NR
Blütendurchmesser: 7 cm
Duft: **

247]

Le Vésuve

1887

Art: ***Rosa chinensis***

Sehr blütenreich und mit dornigen Trieben bestückt, trägt dieser Rosenstrauch große Blüten mit spindelförmigen, schlaffen Kronblättern, die von langen, biegsamen Blütenstielen gehalten werden. Die Pflanze ist für eine Chinarose besonders robust und benötigt kaum einen Rückschnitt, um ihr natürliches Aussehen zu erhalten. Man kann sie vorteilhaft mit Stauden zusammenpflanzen.

Abstammung: unbekannt, von Laffay gezüchtet
Wuchsform: Strauch, 1,5 x 1,5 m
Frostresistenz: ***, bevorzugt einen sonnigen Standort
Blütezeit: sehr gut remontierend
Blütendurchmesser: 8 cm
Duft: nach Tee

249]

Mme Laurette Messimy

1887

Art: ***Rosa chinensis***

Jean-Baptiste Guillot erhielt diese Rose aus einer Kreuzung von 'Rival de Paestum' und 'Mme Falcot'. Der herrliche Flor in einem lichten, ins Orange spielenden Rosa erneuert sich ständig. Die jungen Triebe sind mahagonifarben. Wie alle Chinarosen liebt auch diese Sorte milde Temperaturen. Sehr gut nachblühend.

Abstammung: von Guillot gezüchtet
Wuchsform: Busch, 1,2 x 1 m
Frostresistenz: ***, bevorzugt aber milde Temperaturen
Blütezeit: sehr gut remontierend
Blütendurchmesser: 8 cm
Duft: nach Tee

250]

Crimson Rambler

Art: ***Rosa multiflora***
Syn.: **'Turner's Crimson Rambler', 'Soukara Ibara' (in Japan), 'Shi Tz-Mei' (in China)**

Bei dieser aus Japan importierten Rose soll es sich um eine Hybride von *Rosa wichuraiana* und *Rosa multiflora* handeln, was aber nicht die prächtige, dunkel purpurrote Farbe ihrer Blüten erklärt. Zu Unrecht fand und findet sie wenig Beachtung. Sie ist fast stachellos, sehr wüchsig und nur in Hitzeperioden etwas anfällig für Echten Mehltau.

Abstammung: von Turner aus Japan eingeführt
Wuchsform: Ausläufer treibender Strauch, bis 10 m
Frostresistenz: ***
Blütezeit: Mai bis Juni, NR
Blütendurchmesser: 3 cm
Früchte: leuchtend rot, in Trauben

254) Omar Khayyam

255) Alister Stella Gray

256) Cécile Brunner Climbing

258) Clio

260) Francis Dubreuil

261) Euphrosine

254)

Omar Khayyam

1893

Art: ***Rosa X damascena***

Diese Rose wurde auf dem Grab von Edward Fitzgerald im englischen Suffolk angepflanzt. Sie soll aus Samen der Rosen stammen, die das Grab des persischen Dichters Omar Khayyam in Nishapur im Nordiran schmücken, dessen Gedichte Fitzgerald übersetzt hat. Die herrlichen Blüten verströmen bei heißem Wetter einen intensiven Duft.

Abstammung: unbekannt
Wuchsform: sehr kräftiger Busch, 1,4 x 1 m
Frostresistenz: ***
Blütezeit: Mai bis Juni, NR
Blütendurchmesser: 8 cm
Duft: köstlich

255)

Alister Stella Gray

1894

Art: ***Rosa X noisettiana***

Diese Noisette-Kletterrose blüht unermüdlich, wächst aber langsam. Ihre zugespitzten Knospen öffnen sich zu dottergelben bis weißen, duftenden Kronen mit eingerollten Blütenblättern.

Abstammung: unbekannt, von Gray gezüchtet
Wuchsform: Strauch oder kleine Kletterrose, bis 2 m hoch
Frostresistenz: ***
Blütezeit: dauerblühend, von Mai bis zum ersten Frost
Blütendurchmesser: 6 cm
Duft: schwach

256)

Cécile Brunner Climbing

1894

Art: ***Rosa chinensis***

Diese Rose ist eine Mutation der Sorte 'Cécile Brunner', dieser von der Wuchskaft her weit überlegen und viel leichter zu ziehen. Sie trägt von Juni bis zum ersten Frost ununterbrochen einen blassrosa Flor. Für eine Kletterrose hat sie eine sehr gute Nachblüte.

Abstammung: von Alexander Hill Hosp in den USA gezüchtet
Wuchsform: Kletterrose, 4 m und höher
Frostresistenz: ***
Blütezeit: dauerblühend
Blütendurchmesser: 4 cm
Duft: **

258)

Clio

1894

Remontantrose

In ihrer Kategorie stellt sie eine Ausnahme in Bezug auf ihre starke Wuchskraft und ihre gute Gesundheit dar. Die Triebe sind so blütenreich, dass sie sich unter der Last der kugeligen Rosen herabbiegen. Leider bildet sie im Nachflor nur wenige Blüten aus.

Abstammung: unbekannt, von Paul in England gezüchtet
Wuchsform: kräftiger Busch, 1,5 x 1 m
Frostresistenz: ***
Blütezeit: leicht remontierend
Blütendurchmesser: 9 cm
Duft: **

260)

Francis Dubreuil

1894

Art: ***Rosa chinensis***

Ein Rosenbusch, dessen dunkel purpurrote Blüten – eine für eine Teerose ganz ungewöhnliche Farbe – außerordentlich stark duften. Von mäßiger Wuchskraft, braucht er einen fruchtbaren, warmen Standort.

Abstammung: unbekannt, von Dubreuil gezüchtet
Wuchsform: Busch, 0,9 x 0,7 m
Frostresistenz: **, bevorzugt aber milde Temperaturen
Blütezeit: wenig remontierend
Blütendurchmesser: 7 cm
Duft: ***

261)

Euphrosine

1895

Art: ***Rosa multiflora***

Ein wahrer Sturzbach zarter Blüten erscheint im Frühjahr an diesem Rosenstrauch und macht ihn unvergesslich. Nach der Blüte sollte man nicht zögern, die Zweige, die sehr viele Blüten getragen haben, abzuschneiden, um die jungen Triebe des nächsten Jahres zu fördern und am Spalier hochzuziehen.

Abstammung: Kreuzung von 'Mignonnette' und *Rosa multiflora*, von Schmidt in Deutschland gezüchtet
Wuchsform: Kletterrose, 4 m
Frostresistenz: ***
Blütezeit: Mai, NR
Blütendurchmesser: 3 cm
Duft: **

265) Mlle Irène Watts

266) Mutabilis

267) Baron Girod de l'Ain

268) Souvenir de Philémon Cochet

270) Léonie Lamesch

271) Sanguinea

265)

Mlle Irène Watts

1896

Art: ***Rosa chinensis***

Die Abstammung dieser prachtvollen kleinen Buschrose bleibt zweifelhaft: ist es wirklich die von Guillot gezüchtete 'Mlle Irène Watts' oder die rosa blühende Form der Floribunda-Rose 'Gruß an Aachen' (s. S. 292)? Bis zur Lösung dieses Rätsels bewundern wir ihre apricotfarbenen Blüten und ihr purpurnes Laub.

Abstammung: unbekannt, von Guillot gezüchtet
Wuchsform: kleiner Busch, 0,7 x 0,6 m
Frostresistenz: ***
Blütezeit: sehr gut remontierend
Blütendurchmesser: 8 cm
Duft: süß

266)

Mutabilis

Vor 1896

Art: ***Rosa chinensis***
Syn.: ***Rosa turkistanica***

1932 wurde dieser Rosenstrauch von dem Schweizer Gärtner Henri Correvon in den Handel gebracht. Er hatte ihn vierzig Jahre vorher aus Italien erhalten. Sein locker aufrechter Wuchs ist wunderschön. Die Farbe der Blüten geht von einem hellen Orangegelb über Rosa in ein dunkles Karminrot über. Die Rose blüht vom Frühling bis zum Frost, auch große Hitze macht ihr nichts aus.

Abstammung: unbekannt
Wuchsform: Strauch oder kleine Kletterrose, 2 bis 3 m hoch
Frostresistenz: **
Blütezeit: dauerblühend
Blütendurchmesser: 5 cm
Duft: **, aber schwach

267)

Baron Girod de l'Ain

1897

Remontantrose

Bei der Einführung der Rose im Jahre 1897 waren die roten, sehr wohlriechenden Blüten mit weißem Saum sicher eine Sensation. Wie bei vielen Remontanten kann die Wüchsigkeit schwanken.

Abstammung: unbekannt, von Reverchon gezüchtet
Wuchsform: Busch, 1,2 x 0,9 m
Frostresistenz: ***
Blütezeit: remontierend, aber wenigblütig
Blütendurchmesser: 8 cm
Duft: ***

268)

Souvenir de Philémon Cochet

1899

Art: ***Rosa rugosa***

Strahlend weiß wie die Blüten von 'Blanc Double de Coubert' sind diejenigen dieser Rose, sie haben auch den gleichen Duft und das gleiche, dunkle und runzelige Laub. Doch diese Pflanze wächst als niedriger Busch, ihre Blüte ist dichter gefüllt, größer und flacher, jedoch sehr empfindlich gegen Regen. Sie bildet erstaunlich viele Schösslinge.

Abstammung: Mutation von 'Blanc Double de Coubert', von den Baumschulgärtnern Cochet-Cochet in Grisy-Suisnes in der Region Brie gezüchtet
Wuchsform: Busch, 1,2 x 0,7 m
Frostresistenz: ***
Blütezeit: dauerblühend, von Mai bis zum ersten Frost
Blütendurchmesser: 9 cm
Duft: ***

270)

Léonie Lamesch

1899

Art: ***Rosa polyantha***

Ob man diese Art Rose mag oder nicht, sie ist für ihre Zeit äußerst modern: die kontrastreichen Töne von Gelb und Rot verweisen bereits auf den Stil moderner Rosenzüchtungen. Neben ästhetischen Erwägungen muss man auch ihre unleugbaren Qualitäten anerkennen: einfache Kultur, mehrmalige Blüte und Originalität.

Abstammung: unbekannt, von Peter Lambert in Trier gezüchtet
Wuchsform: Busch, 0,9 x 0,7 m
Frostresistenz: ***
Blütezeit: sehr gut remontierend
Blütendurchmesser: 4 cm
Duft: diskret

271)

Sanguinea

Datierung unbekannt

Art: ***Rosa chinensis***

Syn.: **'Bengal Crimson'**

In den alten Gärten der Côte d'Azur kann man diesen Rosenstrauch noch finden. Er ähnelt sehr der typischen Art *Rosa chinensis*, die verloren gegangen war und 1983 von einem japanischen Botaniker wiedergefunden wurde.

Abstammung: unbekannt, Samen von *Rosa chinensis* in China entdeckt
Wuchsform: langsam wachsender Strauch, 2 m
Frostresistenz: **, benötigt aber milde Temperaturen, um zur Blüte zu kommen
Blütezeit: in mildem Klima dauerblühend
Blütendurchmesser: 6 bis 7 cm
Duft: sehr schwach

Rosen

von der »Belle Époque« bis in die 1930er Jahre

Rosen

von der »Belle Époque« bis in die 1930er Jahre

Der Beginn des 20. Jahrhunderts markiert in Frankreich, besonders in Paris, das Entstehen zweier großer Rosarien, die weltweit einen exzellenten Ruf genießen. Jules Gravereaux, ehemals Direktor des großen Pariser Kaufhauses Le Bon Marché, legte auf einem seiner Grundstücke den Rosengarten L'Haÿ-les-Roses an, der heute »Roseraie du Val-de-Marne« heißt und im Besitz des Départements ist. Auf der Suche nach Arten und Varietäten leistet er eine außergewöhnliche Rechercheararbeit. Dazu stellt er Verbindungen zu zahlreichen botanischen Gärten her, reist auf den Balkan, nach Konstantinopel und durch Kleinasien. Er trägt so auf methodische Weise mehr als 6000 Rosen zusammen. Er beteiligt sich auch an der Gründung der »Roseraie de Bagatelle«, angesiedelt auf dem Gelände der Reitbahn, wo schon der Sohn Napoleons III. trainierte. Diese wird 1905 von der Stadt Paris erworben. Schon 1907 kann man in Bagatelle 129 Sorten verschiedener Rosen bewundern. Der Rosengarten Sangerhausen in Deutschland erbt eine große Zahl Sorten aus L'Haÿ-les-Roses und trägt seinerseits eine große Anzahl von Rosenarten und

-sorten zusammen. Der Stil dieser Rosengärten ist klassisch-geometrisch nach französischer Art angelegt und repräsentativ für eine gewisse privilegierte Schicht.

In England zeigt sich der brillante Kunstsinn der Landschaftsgärtner in mehreren außergewöhnlichen Anlagen. Auf Gertrude Jekyll und Edwin Lutyens folgen, um nur zwei Beispiele zu nennen, Hidcote Manor, ein Werk von Major Lawrence Johnston, und Sissinghurst, eine Gründung des Ehepaares Vita Sackville-West und ihres Ehemannes Harold Nicolson, das Formgebundenheit und Romantik wieder in Einklang bringt: Die Rosensträucher erklimmen dort die Umfassungsmauern und Pergolen oder werden zusammen mit Stauden und manchmal sogar anderen Blütensträuchern in großzügig angelegten, prachtvollen Mischrabatten angepflanzt.

In den kleinen Gärten Frankreichs findet ein Rosenstock immer seinen Platz: am Rand des Gemüsegartens – für Blumensträuße –, beim Hauseingang oder an einer sonnigen Mauer.

278) Bleu Magenta

280) Eleonore Berkeley

281) Roseraie de L'Haÿ

283) Lady Waterlow

284) Léontine Gervais

285] Alida Lovett

278)

Bleu Magenta

1900

Art: ***Rosa multiflora***

Aus der Nähe erscheinen die kleinen Rosen, die aus dem schönen, dunkelgrünen Laub herausleuchten, mahagonifarben, aus der Ferne purpurfarben bis violett. Die Pflanze wirkt besonders schön in Gesellschaft mit einer Clematis oder anderen Stauden. Sie ist eine der sehr spät blühenden Rosen; wenn man sie fast schon vergessen hat, bietet sie ein einmaliges Schauspiel. Es empfiehlt sich, diese Rose vorbeugend gegen Mehltau zu schützen.

Abstammung: unbekannt
Wuchsform: Kletterrose, 3 bis 4 m hoch
Frostresistenz: ***
Blütezeit: Juni, NR
Blütendurchmesser: 3 bis 4 cm
Duft: sehr schwach

280)

Eleonore Berkeley

1900

Art: ***Rosa multiflora***

Diese Rose gelangte um 1900 aus England in die Gärten auf dem Festland. Sie blüht sehr früh in Form von üppigen Büscheln kleiner lilarosa Blüten. Sie ist sehr wuchsfreudig und kräftig, schlicht und wenig verbreitet.

Abstammung: unbekannt, stammt aus England
Wuchsform: Kletterrose, 3 m hoch
Frostresistenz: ***
Blütezeit: vorzeitig, im Mai, NR
Blütendurchmesser: 2,5 bis 3 cm
Duft: schwach

281)

Roseraie de L'Haÿ

1901

Art: ***Rosa rugosa***

Die halb gefüllten, wenig strukturierten Blüten dieser herrlichen Sorte erinnern an eine Pfingstrose, haben einen sehr würzigen Duft und sind von dunkler, karmesinroter Farbe. Der Strauch blüht ausdauernd bis zum Ende des Sommers und zeigt einen schirmartigen, nach oben ausladenden Wuchs. Die Rose verträgt Kalkböden gut und eignet sich für Hecken und Massenpflanzung wie auch als Solitär.

Abstammung: unbekannt, von den Baumschulgärtnern Cochet-Cochet in der Region Brie gezüchtet
Wuchsform: Strauch, 2 m
Frostresistenz: ***
Blütezeit: sehr gut remontierend
Blütendurchmesser: 9 cm
Duft: ***, sehr intensiv, pfeffrig-würzig

283)

Lady Waterlow

1903

Teehybride

Die lachsfarbenen Rosatöne der Blüten harmonieren gut mit den zartgrünen, gesunden Blättern. Diese Kletterrose blüht regelmäßig nach und verlangt keine besondere Pflege. Es ist also eine sehr gute Sorte, aber man trifft sie nur sehr selten in anderen Gegenden als der Côte d'Azur an, der Heimat ihres Züchters.

Abstammung: Kreuzung von 'La France de 89' und 'Marie Lavalley', von Nabonnand in Juan-les-Pins gezüchtet

Wuchsform: Kletterrose, 3 m hoch

Frostresistenz: ***

Blütezeit: sehr gut remontierend

Blütendurchmesser: 8 cm

Duft: **

284)

Léontine Gervais

1903

Art: ***Rosa luciae***

Kaum weniger wuchsfreudig als 'François Juranville' (s. S. 289), kann diese Sorte in kürzester Zeit eine Pergola beranken. Die halb gefüllten Blüten sind orangerosa gefärbt und duften sehr stark. Ein weiteres Merkmal ist glänzendes, gesundes Laub.

Abstammung: Kreuzung von Rosa luciae und 'Catherine Guillot', von Barbier gezüchtet

Wuchsform: lianenartige Kletterrose, 4 m

Frostresistenz: ***

Blütezeit: Juni, NR

Blütendurchmesser: 8 cm

Duft: köstlich

Früchte: rund, rot, den Winter überdauernd

285)

Alida Lovett

1905

Art: ***Rosa wichuraiana***

Der üppige Flor dieser kräftigen Sorte verteilt sich gut über den Sommer. Die großen Blüten öffnen sich flach und heben sich gut von dem Hintergrund des glänzenden Laubes ab.

Abstammung: Kreuzung von *Rosa wichuraiana* und 'Souvenir de Président Carnot', von Walter van Fleet aus den USA gezüchtet

Wuchsform: kräftige Kletterrose, 3 bis 4 m hoch

Frostresistenz: ***

Blütezeit: Mai bis Juni, NR

Blütendurchmesser: 9 cm

Duft: **

288) Irish Elegance

289) François Juranville

290) Neige d'Avril

291) Alexandre Girault

292) Gruß an Aachen

293) Variegata di Bologna

288)

Irish Elegance

1905

Teehybride

Die warmen und weichen Pfirsichtöne der einfachen Blüten werden umso mehr geschätzt, als diese unermüdlich blühen. Dem Rosenbusch behagt ein sonniger Standort ebenso wie ein Platz im Halbschatten. Die Sorte ist apart, jedoch wenig verbreitet.

Abstammung: unbekannt, von Dickson in Irland gezüchtet
Wuchsform: Busch, 1,5 x 0,8 m
Frostresistenz: **, gut für eine Rose aus China
Blütezeit: gut remontierend
Blütendurchmesser: 7 cm
Duft: schwach

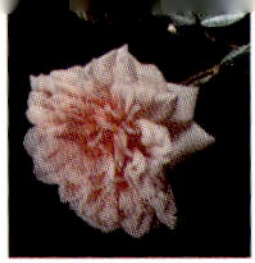

289)

François Juranville

1906

Art: ***Rosa luciae***

Die Rose ist von außerordentlich kräftigem, üppigem Wuchs und trägt große, köstlich duftende blassrosa Blüten mit in der Mitte eingerollten Blütenblättern. Sie wächst rasch und ist sehr gesund. Die jungen Triebe sind purpurrot.

Abstammung: Kreuzung von *Rosa luciae* mit *Rosa chinensis* 'Mme Laurette Messimy', von Barbier gezüchtet
Wuchsform: Kletterrose, 4 bis 8 m hoch
Frostresistenz: ***
Blütezeit: Mai bis Juni, NR
Blütendurchmesser: 9 cm
Duft: ***

290)

Neige d'Avril

1908

Art: ***Rosa multiflora***

Von April an bietet diese Kletterrose ein herrliches Schauspiel: die stachellosen Triebe biegen sich unter der Last der schneeweißen Blütentrauben, die ihren Duft im Umkreis von mehreren Metern verbreiten. Die Sorte ist ideal, um eine nach Süden liegende Fassade zu begrünen.

Abstammung: unbekannt, von Marcel Robichon, einem Rosenzüchter aus dem Loiret gezüchtet
Wuchsform: lianenartige Kletterrose, 3 bis 8 m hoch
Frostresistenz: ***
Blütezeit: April bis Mai, NR
Blütendurchmesser: 4 cm
Duft: ***

291)

Alexandre Girault

1909

Art: ***Rosa luciae***

Bei keiner anderen Kletterrose findet man ein derart nuancenreiches Erdbeerrot und zudem eingerollte Blütenblätter, aus deren Mitte ein grünes 'Knopfauge' (der Stempel) hervorleuchtet. Die langen biegsamen Triebe eröffnen vielfältige Gestaltungsmöglichkeiten (bemerkenswerte Beispiele in L'Haÿ-les-Roses).

Abstammung: unbekannt, von Barbier gezüchtet
Wuchsform: lianenartige Kletterrose, 6 bis 10 m hoch
Frostresistenz: ***
Blütezeit: Mai bis Juni, NR
Blütendurchmesser: 6 cm
Duft: **

292)

Gruß an Aachen

1909

Art: ***Rosier Floribunda***

Die kurzen, korallenroten oder hell apricotfarbenen Knospen öffnen sich zu lachsfarbenen, großen, dicht gefüllten Kronen. Die Rose ist öfter blühend, und der Busch wirkt mit seinem glänzenden Laub elegant. Wegen seines gleichmäßigen Wuchses ist er für kleine Hecken oder Blumenornamente französischer Art mit Buchsbaumbegrenzung gut geeignet.

Abstammung: Kreuzung von 'Frau Karl Druschki' mit 'Franz Deegen', von Ninner gezüchtet und von Geduldig in Deutschland verbreitet
Wuchsform: Busch, 0,9 x 0,7 m
Frostresistenz: ***
Blütezeit: gut remontierend
Blütendurchmesser: 9 cm
Duft: **

293)

Variegata di Bologna

1909

Art: ***Rosa X borboniana***

Die kelchförmigen, gefüllten und sehr wohlriechenden Blüten weisen von allen Rosen mit gestreiften Blütenblättern die kontrastreichsten Panaschierungen auf. Die Pflanze ist leider anfällig für Sternrußtau (Schwarzfleckigkeit).

Abstammung: unbekannt, von Bonfiglioli in Italien gezüchtet
Wuchsform: aufrechter Busch, 1,4 x 1 m
Frostresistenz: ***
Blütezeit: remontierend
Blütendurchmesser: 8 cm
Duft: köstlich

296) Veilchenblau

297) Georg Arends

298) Cyclope

301) Schneezwerg

303) Danae

296)

Veilchenblau

1909

Art: ***Rosa multiflora***

Bei keiner anderen Sorte findet man diese Farbe, die im Halbschatten besonders zur Geltung kommt: ein sanftes Blauviolett, das durch den weißen Ansatz der Blütenblätter und die gelben Staubgefäße aufgehellt wird. Die kleinen Knospen sind rot. Im Anschluss an die nach Maiglöckchen duftende Blüte sprießen junge, kräftige Triebe.

Abstammung: unbekannt, von Schmidt in Deutschland gezüchtet
Wuchsform: Kletterrose, 4 bis 6 m hoch
Frostresistenz: ***
Blütezeit: Mai bis Juni, NR
Blütendurchmesser: 4 cm
Duft: sehr intensiv nach Maiglöckchen
Früchte: klein, rund und in Trauben

297)

Georg Arends

1910

Remontantrose

Diese Rose zählt unter den Remontanten zu den kräftigsten. Ihre zartrosa Blüten haben die schlichte, reine Form einer Muschel. Sie trägt wenig Stacheln und blüht gut nach.

Abstammung: Kreuzung von 'Frau Karl Druschki' und 'La France', von Wilhelm Hinner in Deutschland gezüchtet
Wuchsform: Busch, 1,3 x 0,9 m
Frostresistenz: ***
Blütezeit: gut remontierend
Blütendurchmesser: 9 cm
Duft: **

298)

Cyclope

1910

Art: ***Rosa polyantha***

Von dieser kleinen Polyantha-Rose findet man keine einzige Beschreibung in der Literatur. Trotz ihrer roten Blütenfarbe wirkt sie diskret und lässt sich zum Beispiel im Vordergrund eines Blumenornaments gut integrieren. Es ist eine besonders gesunde Sorte.

Abstammung: unbekannt, von Francis Dubreuil gezüchtet
Wuchsform: niedriger Busch, 0,5 x 0,4 m
Frostresistenz: ***
Blütezeit: remontierend
Blütendurchmesser: 3 cm
Duft: schwach
Früchte: gelb, birnenförmig

301)

Schneezwerg

1912

Art: ***Rosa rugosa***
Syn.: **'Snowdwarf'**

Sie wirkt wie eine Wildrose, aber entwickelt halb gefüllte Blüten. Das helle Blattwerk begleitet die kleinen bemerkenswerten Früchte von leuchtend roter Farbe.

Abstammung: unbekannt, von Peter Lambert aus Trier gezüchtet
Wuchsform: Strauch, 1,5 x 1 m
Frostresistenz: ***
Blütezeit: Mai bis Juni, gefolgt von einigen Nachblüten
Blütendurchmesser: 7 cm
Duft: schwach
Früchte: klein und leuchtend rot

303)

Danae

1913

Art: ***Rosa moschata***

Die schönen warmen Blütenfarben, nämlich abgestufte honiggelbe Töne, die einfache Kultur und der ausladende Wuchs machen diese Buschrose so nennenswert. Außerdem zeigt sie auch im Herbst noch eine gute Nachblüte, und ihr dunkles Laub ist sehr gesund. Sie ist nicht oft in den Gärten vertreten, daher noch zu entdecken!

Abstammung: unbekannt, von Reverend Pemberton in England gezüchtet
Wuchsform: Busch, 1,3 x 1,2 m
Frostresistenz: ***
Blütezeit: remontierend
Blütendurchmesser: 4 cm
Duft: schwach

306) Queen of the Musks

307) Fru Dagmar Hastrup

308) Petite Françoise

310) F.J. Grootendorst

311) Évangéline

306)

Queen of the Musks

1913

Art: ***Rosa moschata***

Der kompakte und ausgewogene Wuchs macht die Sorte zu einer sehr originellen Moschushybride. Aus Büscheln roter Knospen entwickeln sich kleine erst rosige, dann weiße Blüten, die sich immer wieder erneuern.

Abstammung: unbekannt, von Paul in England gezüchtet
Wuchsform: Busch unterschiedlichen Wachstums, 0,9 bis 1,5 m
Frostresistenz: ***
Blütezeit: dauerblühend, von Mai bis zum ersten Frost
Blütendurchmesser: 4 cm
Duft: **, würzig
Früchte: klein, rund, in Sträußchen

307)

Fru Dagmar Hastrup

1914

Art: ***Rosa rugosa***

Dieser Busch ist anspruchslos und kompakt. Seine ungefüllten Blüten erneuern sich bis zum ersten Frost immer wieder. Die kugeligen Hagebutten haben die Form von kleinen Tomaten. Das Laub ist runzelig und verfärbt sich im Herbst senfgelb. Ideal für Gebirgsklima.

Abstammung: unbekannt, von Hastrup in Dänemark gezüchtet
Wuchsform: kompakter, dicht beblätterter Busch, 1,3 x 1,2 m
Frostresistenz: *** (bis –25°C)
Blütezeit: dauerblühend, von Mai bis zum ersten Frost
Blütendurchmesser: 7 cm
Duft: angenehm
Früchte: dick, kugelig und rot-orange

308)

Petite Françoise

1915

Art: ***Rosa polyantha***

Im Rosarium L'Haÿ-les-Roses wiederentdeckt, ist diese Rose ein kleines Wunder: vor dem Hintergrund der kleinen, gezähnten, dunkel smaragdgrünen Blätter erscheinen den ganzen Sommer über die rosa bis fliederfarbenen Blütensträußchen. Sie ist für Rabatten, Gemüsegärten und als Topfpflanze geeignet.

Abstammung: unbekannt, von Jules Gravereaux in L'Haÿ-les-Roses gezüchtet
Wuchsform: buschiger Zwergstrauch, 0,5 x 0,5 m
Frostresistenz: ***
Blütezeit: dauerblühend, von Mai bis zum ersten Frost
Blütendurchmesser: 3 cm
Duft: sehr schwach

310)

F. J. Grootendorst

1915

Art: ***Rosa rugosa***

Syn.: **'Grootendorst', 'NelkenFrose'**

Für jeden Boden geeignet, ist dieser Rosenstrauch stets mit kleinen, an leuchtend rote Nelken erinnernde Blüten geschmückt. Nach einigen Jahren kann es manchmal zu einem Rückschlag zu rosa Blüten kommen.

Abstammung: Kreuzung von *Rosa rugosa* und der Polyantha-Rose 'Mme Norbert Levavasseur', von de Goey in Holland gezüchtet
Wuchsform: Strauch mit starrem Holz, 1,5 m
Frostresistenz: ***
Blütezeit: dauerblühend, von Mai bis zum ersten Frost
Blütendurchmesser: 3 cm

311)

Évangéline

1916

Art: ***Rosa wichuraiana***

Von Michael H. Walsh gezüchtet, ist diese Hybride eine wahre Wonne. Ihre weißen Blütentrauben sind karminrot gesprenkelt und duften nach Geißblatt. Die erstaunliche Wuchskraft macht die Pflanze zu einer erstklassigen Kletterrose.

Abstammung: Kreuzung von *Rosa wichuraiana* und 'Crimson Rambler', in Massachusetts, USA, gezüchtet
Wuchsform: lianenartige Kletterrose, 5 bis 8 m hoch
Frostresistenz: ***
Blütezeit: spät blühend, Juni, NR
Blütendurchmesser: 4 cm
Duft: ***
Früchte: eiförmig, leuchtend rot und in Trauben

314) Ghislaine de Féligonde

315) Lady Hillingdon Climbing

317) Mermaid

318) Prosperity

319) Albertine

320) Ferdinand Pichard

314)

Ghislaine de Féligonde

1916

Art: ***Rosa multiflora***

Die zunächst zart aprikosenfarbenen Blüten gehen in ein ganz leichtes Rosa über und verblassen dann. Sie verströmen einen milden Duft und treiben vor allem im Herbst ab und zu neu durch. Diese ausgezeichnete, fast stachellose Sorte lässt sich vielfältig einsetzen: als Strauch oder als Kletterrose. Ihre Kultur ist immer unkompliziert.

Abstammung: unbekannt, von Turbat gezüchtet
Wuchsform: Strauch oder Kletterrose, 2 bis 4 m
Frostresistenz: ***
Blütezeit: im Frühling, mit Nachblüten im Sommer und im Herbst
Blütendurchmesser: 4 cm
Duft: sehr angenehm

315)

Lady Hillingdon Climbing

1917

Teehybride

Duft und Farbe dieser Rose erinnern an reife Aprikosen und chinesischen Rauchtee. Die großen weichen, leicht gewellten Blüten tragen breite, einhüllende Kronblätter. Das junge Holz ist violett; die Blätter sind zunächst purpurfarben und dann dunkel und glänzend. Die Herbstblüte ist üppig. Vorsicht, die Pflanze ist kälteempfindlich!

Abstammung: Kreuzung von 'Papa Gontier' und 'Mme Hoste', von Hicks in England gezüchtet
Wuchsform: Kletterrose, 3 bis 4 m hoch
Frostresistenz: **, bevorzugt aber einen warmen und windgeschützten Standort
Blütezeit: remontierend
Blütendurchmesser: 9 cm
Duft: ***

317)

Mermaid

1917

Art: ***Rosa bracteata***

Diese Kletterrose englischer Herkunft verbindet eine gute Wuchskraft mit der Fähigkeit zur Dauerblüte. Der sanftgelbe Sommerflor hält bis zum Frost. Vor den Stacheln dieser Rose sollte man sich vorsehen.

Abstammung: Kreuzung von *Rosa bracteata* und einer gelbblütigen Teerose, von Paul in England gezüchtet
Wuchsform: sehr stachelige Kletterrose mit hartem Holz, 4 bis 7 m hoch
Frostresistenz: *** (bis –15°C), besser, als ihr nachgesagt wird
Blütezeit: den ganzen Sommer hindurch blühend
Blütendurchmesser: 10 cm
Duft: **, nach Tee duftend

318) Prosperity

1919

Art: ***Rosa moschata***

Schon von weitem kann man die weißen, von den Staubblättern akzentuierten Kronen auf dem grünen, bronze schimmernden Laub erkennen. Der Strauch ist kräftig und zeigt besonders im Herbst einen üppigen Nachflor. Die Rosen halten sich gut in der Vase.

Abstammung: Kreuzung von 'Marie-Jeanne' und 'Perle des Jardins', von Reverend Pemberton in England gezüchtet
Wuchsform: Strauch, 1,5 x 1,5 m
Frostresistenz: ***
Blütezeit: sehr gut remontierend
Blütendurchmesser: 6 cm
Duft: **

319) Albertine

1921

Art: ***Rosa luciae***

Ein Klassiker: sicherlich ist dies die am meisten gepflanzte Kletterrose. Sie bildet üppiges Laub, bevorzugt ein wenig Schatten, um zur Blüte zu kommen, und ihr Duft verbreitet sich im Umkreis von mehreren Metern. Rote Knospen und rosa Blüten, dies ist die Idee schlechthin, die man sich von einer Rose macht.

Abstammung: Kreuzung von *Rosa luciae* und 'Mrs. A. R. Waddell', von Barbier gezüchtet
Wuchsform: kräftige Kletterrose, 4 bis 5 m hoch, kann aber bis zu 8 m erreichen
Frostresistenz: ***
Blütezeit: Mai bis Juni, NR
Blütendurchmesser: 9 cm
Duft: ausgezeichnet

320) Ferdinand Pichard

1921

Remontantrose

Welch seltsame Farben für diese panaschierte, gesprenkelte und gepunktete Rose! Schade, dass es dieser Buschrose an Wuchskraft mangelt und dass sie so anfällig für Rosenrost ist, denn sie ist eine große Besonderheit.

Abstammung: unbekannt, von Tanne in Frankreich gezüchtet
Wuchsform: Busch von mittelmäßiger Wuchskraft, 1,2 x 0,9 m
Frostresistenz: ***
Blütezeit: Mai bis Juni, mit einigen Nachblüten
Blütendurchmesser: 8 cm
Duft: ***

324) Violette

326) Pink Grootendorst

327) Cornelia

328) Nevada

329) Souvenir de Georges Pernet

324)

Violette

1921

Art: ***Rosa multiflora***

Der Flor dieser Rose ist dichter als bei 'Veilchenblau' (s. S. 296), und die purpurvioletten Blüten sind deutlich dunkler. Zahlreiche goldene Staubgefäße setzen Glanzlichter, so dass die Blüten schon von weitem auffallen.

Abstammung: unbekannt, von Turbat gezüchtet
Wuchsform: Kletterrose, 3 bis 4 m hoch
Frostresistenz: ***
Blütezeit: Mai bis Juni, NR
Blütendurchmesser: 4 cm
Duft: angenehm

326)

Pink Grootendorst

1923

Art: ***Rosa rugosa***

Von den drei Rosensorten, deren Blüten an Nelken erinnern (s. S. 310 und S. 362), ist dies die beliebteste und die am häufigsten angepflanzte. Da sie äußerst kräftig ist, kann man sie auf jeden mageren Boden als Hecken-, Gruppen- oder Ornamentbepflanzung setzen, um immerblühende Pflanzen zu haben.

Abstammung: Mutation von 'F. J. Grootendorst', von Grootendorst gezüchtet
Wuchsform: aufrechter Busch mit starren Trieben, 1,3 x 0,9 m
Frostresistenz: ***
Blütezeit: dauerblühend, von Mai bis zum ersten Frost
Blütendurchmesser: 3 cm

327)

Cornelia

1925

Art: ***Rosa moschata***

Eine ausgezeichnete, gesunde Sorte, die unablässig Blütentrauben in fröhlichen, wechselnden Farben hervorbringt – korallenfarben, gelb und rosa. Die langen, bogenförmigen Triebe geben unter der reichen Blütenlast nach.

Abstammung: unbekannt, von Reverend Pemberton in England gezüchtet
Wuchsform: Strauch von ausladendem Wuchs, 1,5 x 2 m
Frostresistenz: ***
Blütezeit: sehr gut remontierend
Blütendurchmesser: 4 cm
Duft: **

328)

Nevada

1927

Art: ***Rosa moyesii***

Bei passenden Bodenverhältnissen kann sich diese Rose sehr üppig entwickeln und zu großen Sträuchern heranwachsen, deren bogenförmig herabhängende Triebe auf ganzer Länge große, halb gefüllte Blüten tragen. Man kann sie zum Beispiel auch gut als Einzelexemplar auf eine Wiese setzen. Sie blüht mehrmals.

Abstammung: unbekannt, von Dot in Spanien gezüchtet
Wuchsform: Strauch von ausladendem Wuchs, bis 2,5 x 2,5 m
Frostresistenz: ***
Blütezeit: gut remontierend
Blütendurchmesser: 10 cm
Duft: **

329)

Souvenir de Georges Pernet

1927

Teehybride

Außergewöhnlich sind die Größe der dicht gefüllten rosa Blüten und der gute Wuchs. Das Holz ist kräftig und trägt viele Stacheln. Es kommt zu einem vereinzelten Nachflor.

Abstammung: unbekannt, von Pernet-Ducher gezüchtet
Wuchsform: kleine Kletterrose von starrem Wuchs, 2 bis 2,5 m hoch
Frostresistenz: ***
Blütezeit: remontierend
Blütendurchmesser: 12 cm
Duft: **

332) Sunshine

333) Felicia

334) New Dawn

335) The Fairy

336) Ballerina

339) Arthur Hillier

332)

Sunshine

1927

Art: ***Rosa polyantha***

Die Blütenfarbe ist herrlich: nicht orange, nicht goldgelb, nicht lachsfarben … aber eine einheitliche Tonart, warm und einzigartig: wie ein Sonnenstrahl im Garten, den man in Erinnerung behalten sollte.

Abstammung: unbekannt, von Marcel Robichon gezüchtet
Wuchsform: kleiner Busch von kümmerlichem Wuchs, 0,3 x 0,3 m
Frostresistenz: **
Blütezeit: schwach remontierend
Blütendurchmesser: 6 cm
Duft: schwach

333)

Felicia

1928

Art: ***Rosa moschata***

Dies ist eine der besten Rosen von Pemberton. Von kräftigem Wuchs, besonders wenn sie von fruchtbarem Boden profitiert, kann man sie für eine blütenreiche Hecke oder als Einzelpflanze verwenden. Die Blüten sind köstlich parfümiert und blühen etwas ungeordnet auf.

Abstammung: Kreuzung von 'Trier' und 'Ophelia', von Reverend Pemberton in England gezüchtet
Wuchsform: Busch, 1,5 x 1,2 m
Frostresistenz: ***
Blütezeit: gut remontierend
Blütendurchmesser: 7 cm
Duft: köstlich

334)

New Dawn

1930

Art: ***Rosa wichuraiana***

Eine der ersten Rosen jüngeren Jahrgangs, die zu einem von allen Rosenfreunden anerkannten Klassiker wurde. Der blassrosa Flor erneuert sich gut und duftet lieblich. Die Blüte ist von reiner, schöner Form. Diese wuchsfreudige, ziemlich stachelige Rose ist widerstandsfähig gegen Krankheiten und gedeiht überall prächtig.

Abstammung: unbekannt, von Henry A. Dreer in Philadelphia, USA, gezüchtet
Wuchsform: gefügige Kletterrose, 3 bis 5 m
Frostresistenz: ***
Blütezeit: mehr oder weniger remontierend (liebt die Sonne, aber keine Hitze)
Blütendurchmesser: 8 cm
Duft: sehr süßlich

335

The Fairy

1932

Art: ***Rosa polyantha***

Der Idealtyp einer widerstandsfähigen Rose: nie krank, immer in Blüte und an jeden Boden anpassungsfähig. Dieser Rosenbusch ist mit seinen langen Blütentrauben aus kleinen rosafarbenen Pompons sehr charmant.

Abstammung: unbekannt, von John Bentall, dem Nachfolger von Reverend Pemberton, in England gezüchtet
Wuchsform: Busch von unterschiedlicher Wuchskraft, 0,6 x 1 m
Frostresistenz: ***
Blütezeit: etwas später, aber dann dauerblühend
Blütendurchmesser: 3 cm
Duft: kaum wahrnehmbar

336

Ballerina

1937

Art: ***Rosa moschata***

Dieser Rosenbusch entwickelt große Sträuße einfacher Blüten, die wie Hortensienblüten sehr dekorativ bleiben, auch wenn sie verblüht sind. Er ist sehr blütenreich, mit jedem Boden zufrieden und von dichtem, ausgeglichenem Wuchs.

Abstammung: unbekannt, von John Bentall in England gezüchtet
Wuchsform: harmonischer Busch, 1,3 x 1,2 m
Frostresistenz: ***
Blütezeit: sehr gut remontierend
Blütendurchmesser: 3 cm

339

Arthur Hillier

1938

Art: ***Rosa sp.***

Dieser prachtvolle, wuchsfreudige Strauch ist das Ergebnis einer Kreuzung zwischen zwei Arten. Er ist im Frühjahr und im Herbst äußerst dekorativ. Die Blätter und Früchte erinnern an diejenigen von *Rosa moyesii* (s. S. 34).

Abstammung: Kreuzung von *Rosa moyesii* und *Rosa macrophylla*, von den Baumschulgärtnern Hillier in Großbritannien gezüchtet
Wuchsform: Strauch, 2,5 bis 3,5 m
Frostresistenz: ***
Blütezeit: Mai, NR
Blütendurchmesser: 3 cm
Duft: schwach
Früchte: klein, leuchtend rot und flaschenförmig

Rosen

vom Zweiten Weltkrieg bis heute

Rosen
vom Zweiten Weltkrieg bis heute

Während des Krieges sind viele der Rosenzüchter eingezogen, und viele Baumschulen verwildern. Gleichwohl ist bekannt, dass ohne regelmäßige Pflege eine Sammlung von Mutterpflanzen sehr schnell verloren geht und somit zahlreiche Rosen verschwinden. Daher ist zu Kriegsende das Bestreben groß, andere und neue Rosensorten zu schaffen.

Nach schwierigen Jahren erringt Francis Meilland 1945 in den Vereinigten Staaten einen außerordentlichen Erfolg mit seiner neuen Rose 'Peace', die er dort gesetzlich schützen lässt. Aber erst 1951 erhält er in Frankreich den gesetzlichen Schutz für seine Rose 'Rouge Meilland'. Er arbeitet unablässig daran, den gesetzlichen Schutz für die Schöpfungen der Rosenzüchter zu sichern. In zahlreichen Ländern folgt man diesem Beispiel.

Zusammen mit dem wirtschaftlichen Aufschwung erlebt man die Geburt der so genannten Modernen Rosen, die bald sehr gefragt sind. Als Zeichen der Wiedergeburt und des Friedens überschwemmt diese neue Rose den Markt und ist weithin beliebt. Die Blüte hat eine leuchtende Farbe und ist spindelförmig, die Rose ist remontierend (wieder oder öfter blühend), und ihr Blattwerk glänzt. Das Holz ist fest und mit Stacheln besetzt. Es gibt keinen Garten, ob groß oder klein, der nicht wenigstens einen Rosenstock aufweist.

Die Rosen werden zumeist in Gruppen angepflanzt. Dies hat zur Folge, dass die alten, meist nicht remontierenden Rosensorten aufgegeben werden. Schlimmer noch, ungeachtet ihrer Schönheit sterben manche aus. Erst zu Beginn der 1970er Jahre reagieren die Rosenzüchter und machen sich auf die Suche nach diesen vom Aussterben bedrohten Sorten: genannt seien Graham Stuart Thomas, Peter Beales und David Austin aus England; Gerd Krüssmann und Kordes aus Deutschland und aus Frankreich André Ève. Ihnen folgen andere Rosenliebhaber, die nach und nach das einmalige Kulturerbe und Kapital für die Zukunft der Rosen wieder zusammentragen.

Dank der Zusammenarbeit der im letzten Jahrhundert gegründeten großen »konservatorischen« Rosarien und der botanischen Gärten mehrerer Länder ist diese Arbeit möglich geworden. Autoren, Baumschulgärtner und Gesellschaften, die Liebhaber und Fachleute zusammenbringen, sammeln die gesamten verfügbaren Informationen, korrigieren Fehler, legen ein Inventar an und vervielfachen die botanischen Arten und Alten Rosen. Diese wissenschaftliche Arbeit lässt die Sammlungen allmählich wiedererstehen, so dass jeder Gärtner nun aus tausenden von Sorten auswählen kann – in dem Bewusstsein, dass jede Rosensorte eine besondere Leidenschaft und Geschichte verkörpert.

346) Chevy Chase

347) Frühlingsmorgen

348) Sénégal

350) Francis E. Lester

351) Blossomtime

353) Kiftsgate

346)

Chevy Chase

1939

Art: ***Rosa soulieana***

Die kleinen, dicht gefüllten Pompons behalten ihre intensive, leuchtend rote Farbe sehr lange, auch als Schnitt- und als Trockenblumen. Es ist eine sehr schöne, robuste, amerikanische Sorte, die in Europa nur selten angepflanzt wird. Sie hat außerdem den Vorteil, gegen Mehltau resistent zu sein, was nicht für 'Dorothy Perkins' oder 'Excelsa', zwei Sorten des gleichen Typs, gilt.

Abstammung: unbekannt, von Dr. Hansen in den USA gezüchtet
Wuchsform: lianenartige Kletterrose, bis 5 m hoch
Frostresistenz: ***
Blütezeit: Mai bis Juni, NR
Blütendurchmesser: 3 cm
Duft: **

347)

Frühlingsmorgen

1942

Art: ***Rosa pimpinellifolia***

Die Hybriden von *Rosa pimpinellifolia* sollte man lieber an einen kühlen Standort pflanzen, denn sie vertragen keine Hitze. Diese hier schmückt sich mit frischen Farben. Ihre Staubblätter ragen hoch aus der Blüte, was sehr dekorativ ist.

Abstammung: Kreuzung von 'E. G. Hill' und 'Catherine Kordes' mit *Rosa pimpinellifolia altaiica*, von Kordes in Deutschland gezüchtet
Wuchsform: Strauch von aufrechtem Wuchs, 2 x 1,3 m
Frostresistenz: ***
Blütezeit: Mai, NR
Blütendurchmesser: 10 cm
Duft: schwach

348)

Sénégal

1944

Teehybride

Diese prächtige Rose in tiefem Weinrot mit fließenden Formen und herrlich fruchtigem Duft blüht gut nach.

Abstammung: unbekannt, von Français Mallerin gezüchtet
Wuchsform: biegsame Kletterrose, 3 bis 4 m hoch
Frostresistenz: **
Blütezeit: schwach remontierend
Blütendurchmesser: 8 cm
Duft: köstlich
Früchte: kleine birnenförmige, grüne, später orange Früchte

350)

Francis E. Lester

1946

Art: ***Rosa moschata***

In großen Sträußen bildet diese kleine gesunde Kletterrose (Rambler) Apfelblüten aus; auf diese folgen schöne, orangefarbene Früchte, die bei Reife auch roh sehr saftig sind. Die Pflanze sollte eher frei stehen als sich abstützen, denn dann wächst sie zu einem riesigen Strauch heran.

Abstammung: unbekannt, in Lester Rose Gardens in Kalifornien gezüchtet
Wuchsform: kleine Kletterrose (Rambler), 3 bis 4 m hoch
Frostresistenz: ***
Blütezeit: Mai bis Juni, NR
Blütendurchmesser: 4 cm
Duft: ***
Früchte: klein, orange, gesund und den Winter überdauernd

351)

Blossomtime

1951

Teehybride

Man kann die Rose an einem Spalier entlang führen, aber ihre Wuchsart eignet sich eher für die Strauchform. Wenn das Klima nicht zu kalt und nicht zu feucht ist, bildet sie bis Weihnachten elegante, spindelförmige Teerosen aus, die herrlich duften.

Abstammung: Kreuzung von 'New Dawn' mit einer Teehybride, in den USA gezüchtet
Wuchsform: kleine Kletterrose, bis 2,5 m hoch, oder Strauch, 1,8 x 1,8 m
Frostresistenz: **, bevorzugt aber trockenes und mildes Klima
Blütezeit: dauerblühend, von Mai bis zum ersten Frost
Blütendurchmesser: 9 cm
Duft: köstlich und süß

353)

Kiftsgate

1954

Art: ***Rosa filipes***

Im Schatten gedeiht diese Kletterrose gut, sie erträgt auch Kälte und Feuchtigkeit. In Großbritannien ist sie sehr beliebt. Sie entwickelt große Rispen ganz kleiner, einfacher Blüten und später Früchte. Die jungen Triebe, die purpurnes Laub tragen, sind sehr kräftig und können in einer Saison bis zu drei Meter wachsen.

Abstammung: Mutation von *Rosa filipes*, in Großbritannien aufgetreten
Wuchsform: Kletterrose, bis 10 m hoch
Frostresistenz: ***
Blütezeit: Mai bis Juni, NR
Blütendurchmesser: 2 cm
Duft: *** und kräftig
Früchte: klein, leuchtend rot und länglich

357) Meg

359) Walter Butt

360) Alchemist

361) Golden Wings

362) White Grootendorst

363) Dart's Defender

357)

Meg

1954

Teehybride

Diese Rose ist eine einzigartige Komposition von warmen und kontrastreichen Farben, denn die Knospen sind rot, die Blüten sind rosa bis apricotfarben und mit wundervollen Staubblättern versehen. Der Wuchs ist kräftig und das Blattwerk groß und glänzend.

Abstammung: Kreuzung von 'Paul's Lemon Pillar' und 'Mme Butterfly', von Gosset in Großbritannien gezüchtet
Wuchsform: kräftige Kletterrose, bis 3 m hoch
Frostresistenz: ***
Blütezeit: vorzeitig, Mai bis Juni, mit einigen Nachblüten
Blütendurchmesser: 9 cm
Duft: schwach
Früchte: schöne, birnenförmige Früchte

359)

Walter Butt

1954

Art: ***Rosa X micrugosa***

Diese Hybride ähnelt ihren beiden Elternteilen. Die großen Blüten sind halb gefüllt und entfalten sich eher langsam. Auf die Blüten folgen die Früchte, die denjenigen von *Rosa roxburghii* ähneln, aber dicker und vielleicht noch eigenartiger sind. Die Rosenblätter erinnern an Farnwedel, sie sind nur dicker und runzeliger.

Abstammung: Hybride von *Rosa rugosa* und *Rosa roxburghii*, von Butt gezüchtet
Wuchsform: sehr kräftiger, stark mit Stacheln besetzter Strauch, 2,5 x 1,8 m
Frostresistenz: ***
Blütezeit: Mai, NR
Blütendurchmesser: 9 cm
Duft: schwach
Früchte: grün, kugelig und voller Stacheln

360)

Alchemist

1956

Art: ***Rosa rubiginosa***

Dies ist eine originelle Kletterpflanze, denn ihre Blüten sind eindeutig orange, die moderne Farbe schlechthin für eine Sorte, deren Blüten die in vier Segmente geteilte Form Alter Rosen haben. Sie blüht sehr früh, und ihre Blüte ist spektakulär. Einen Mangel hat sie dennoch: sie ist anfällig für Rosenrost. Man tut gut daran, sie an einen Platz im Halbschatten zu pflanzen.

Abstammung: Kreuzung von *Rosa rubiginosa* mit 'Golden Glow', von Kordes in Deutschland gezüchtet
Wuchsform: Kletterrose, 3 bis 4 m hoch
Frostresistenz: ***
Blütezeit: Anfang Mai, NR
Blütendurchmesser: 8 cm
Duft: sehr schwach

361]

Golden Wings

1956

Art: ***Rosa pimpinellifolia***

Große, einfache, gelbe und duftende Rosen blühen ununterbrochen auf diesem Strauch, der sich durch hartes Holz und helles Laub auszeichnet. Der gesunde und gleichmäßige Wuchs macht daraus eine hervorragende Sorte, die Frost ebenso verträgt wie Hitze und in Bezug auf den Boden anspruchslos ist.

Abstammung: Kreuzung von 'Sœur Thérèse' und *Rosa pimpinellifolia altaiica* mit 'Orniston Roy', von Shepherd in den USA gezüchtet
Wuchsform: Strauch, 1,5 x 1,3 m
Frostresistenz: ***
Blütezeit: dauerblühend, von Mai bis zum ersten Frost
Blütendurchmesser: 8 cm
Duft: **
Früchte: rund, grün und den Winter überdauernd

362]

White Grootendorst

1962

Art: ***Rosa rugosa***

Dies ist eine Mutation, die dieselben Qualitäten und Merkmale aufweist wie 'Pink Grootendorst' (s. S. 326) und wie 'F. J. Grootendorst' (s. S. 310): Blüten, die an Nelken erinnern, eine gute Blühkraft und eine echte Robustheit. Mit ihrem aufrechten Wuchs eignen sich alle drei für Hecken-, Gruppen- und Ornamentbepflanzungen.

Abstammung: Mutation von 'Pink Grootendorst', von Eddy in den USA gezüchtet
Wuchsform: Strauch, 1,6 x 1 m
Frostresistenz: ***
Blütezeit: dauerblühend, von Juni bis zum ersten Frost
Blütendurchmesser: 3 cm

363]

Dart's Defender

1971

Art: ***Rosa* sp.**

Im Frühling ist diese Rose prachtvoll wegen ihrer unzähligen violetten Blüten, im Herbst kann man ihr gold-, purpur- und mahagonifarbenes Laub bewundern, das sich in Blumensträußen großartig ausnimmt.

Abstammung: Kreuzung von *Rosa nitida* und *Rosa rugosa*, von Darthuis Nursery in Holland gezüchtet
Wuchsform: dichter, Ausläufer bildender Strauch, 1,7 x 1,5 m
Frostresistenz: ***
Blütezeit: Mai bis Juni, NR
Blütendurchmesser: 7 cm
Duft: *** und würzig
Früchte: leuchtend rot, tomatenförmig

366) Sir Cedric Morris

367) Suzon ®

368) Complicata

371) Paul's Himalayan Musk

372) Single Cherry

366)

Sir Cedric Morris

1979

Art: ***Rosa glauca***

'Sir Cedric Morris' wurde 1979 von einem englischen Amateur gezüchtet und von dem Rosengärtner Peter Beales in Kultur genommen. Die weißen Blüten stehen in großen Sträußen beisammen und entwickeln sich zu orangefarbenen Früchten, die mit dem bläulich matten Laub sehr harmonisch wirken.

Abstammung: spontaner Sämling
Wuchsform: Kletterrose mit sehr üppiger Entwicklung, bis 10 m hoch und höher
Frostresistenz: ***
Blütezeit: Mai bis Juni, NR
Blütendurchmesser: 3 cm
Duft: schwach
Früchte: orange und den Winter überdauernd

367)

Suzon®

1994

Art: ***Rosa filipes***

Eine dunklere Kletterrose zu erhalten, war sicher das Ziel dieser sehr originellen Züchtung, die an einem sonnigen Standort große Sträuße vielfarbiger Blüten hervorbringt und deren Wuchskraft erstaunlich ist. Diese Kreation stammt von André Ève, der ein ebenso großer Sammler wie Züchter ist.

Abstammung: Kreuzung von 'Kiftsgate' mit 'Joseph's Coat', von André Ève gezüchtet (geschützte Sorte)
Wuchsform: kräftige Kletterrose, 4 bis 6 m hoch
Frostresistenz: ***
Blütezeit: Mai bis Juni, NR
Blütendurchmesser: 3 cm
Duft: **

368)

Complicata

Datierung unbekannt

Art: ***Rosa gallica***

Die Rose weist überhaupt keine Ähnlichkeit mit den anderen Gallicae auf. Ihren Namen 'Complicata' hat sie zu Unrecht, denn sie passt sich an alle Böden an, wird nie krank, lässt sich beliebig einsetzen und trägt große rosa Hagebutten: Unkomplizierter geht es nicht!

Abstammung: unbekannt, wahrscheinlich eine Kreuzung von *Rosa gallica* und *Rosa macrantha*
Wuchsform: Strauch oder Kletterrose, 2 bis 3 m hoch
Frostresistenz: ***
Blütezeit: Mai bis Juni, NR
Blütendurchmesser: 10 cm
Duft: **

371)

Paul's Himalayan Musk

Datierung unbekannt

Art: **wahrsch. *Rosa brunoii***

Diese wundervolle Kletterrose (Rambler) mit hellem Blattwerk ist in England ziemlich verbreitet. Die zarte Farbe ihrer fliederfarbenen, blassen Blüten tritt im Halbschatten noch besser hervor, aber die Pflanze verträgt einen sonnigen Standort genauso gut. Sie ist sehr kräftig und gesund.

Abstammung: Sämling von *Rosa brunonii*, von Paul in England gezüchtet
Wuchsform: lianenartige Kletterrose, bis 7 m hoch und auch höher
Frostresistenz: ***
Blütezeit: Mai bis Juni, NR
Blütendurchmesser: 3 cm
Duft: ** und nach Moschus duftend
Früchte: klein

372)

Single Cherry

Datierung unbekannt

Art: ***Rosa pimpinellifolia***

Die kirschroten Blüten des Rosenbuschs sind auf der Rückseite grau getönt. Der Wuchs ist harmonisch, kompakt und üppig. Das dunkle und kleine Blattwerk steht im Herbst kupferfarben in reizvollem Kontrast zu den schwarzen, runden Hagebutten.

Abstammung: unbekannt, von Kordes in Deutschland in Kultur genommen
Wuchsform: dichter, undurchdringlicher Busch, 1,7 x 1,6 m
Frostresistenz: ***
Blütezeit: frühzeitig, Mai, NR
Blütendurchmesser: 5 cm
Duft: sehr schwach
Früchte: klein, rund und schwarz

Glossar

Art
lat. *species*. Lebewesen (hier: Pflanzen) mit vielen übereinstimmenden erblichen Merkmalen. Angehörige einer Art sind im allgemeinen miteinander fruchtbar.

Auge
Knospe, die aus einer Blattachsel hervorgeht.

Ausläufer
Ober- oder unterirdisch wachsende Seitenachsen, die sich meist in einiger Entfernung von der Mutterpflanze bewurzeln und neue Individuen bilden. Die Vermehrung durch Wurzelausläufer war früher eine gängige Methode bei den Alten Rosen.

Einführung
Bezeichnung für die bewusste Besetzung eines neuen Lebensraumes mit einer bis dahin dort nicht vorkommenden Pflanze mit dem Ziel, sie zu akklimatisieren und zu vermehren.

Eingerollte Kronblätter
Zentrale Kronblätter einer Blüte, die sich zur Blütezeit nicht entfalten, sondern stark eingerollt bleiben.

Fiederblatt
lat. *foliolum* (kleines Blatt). Jedes Teilblatt eines zusammengesetzten Blattes wird Fiederblatt genannt.

Griffel
griech. *stylos* (Säule). Teil des Stempels (weibliches Fortpflanzungsorgan), dem die Narbe aufsitzt, die den Blütenstaub aufnimmt. Bei Rosen sind die Narben getrennt oder verwachsen.

Hybride
Ergebnis einer Kreuzung zwischen zwei verschiedenen Arten oder zwischen einer Art und einer Varietät oder auch zwischen zwei Varietäten.

Klon
griech. *klon* (junger Trieb). Eine Gruppe von Pflanzen, die durch vegetative (nicht sexuelle) Vermehrung einer Mutterpflanze entstanden ist. Alle Individuen eines Klones sind demnach genetisch identisch.

Narbe
Oberer und klebriger Teil des Stempels (weibliches Organ der Blüte), auf den der Blütenstaub abgesetzt wird.

Nebenblatt
Kleine, blattförmige Auswüchse an der Basis des Blattstieles. Falls sie vorhanden sind, sind immer zwei Nebenblätter pro Blattstiel ausgebildet.

Nicht remontierend
Bezeichnung für eine Rose, die nur einmal im Jahr blüht.

Reben treibend
Eine Reben treibende Rose ist eine Kletterrose mit von der Basis an sehr langen und geschmeidigen Zweigen.

Remontierend (wieder oder öfter blühend). Bezeichnung für eine Rose, die nach der Frühjahrsblüte mindestens noch einmal blüht.

Sektionen
Unterteilungen der Gattung *Rosa*, in denen Arten mit ähnlichen Merkmalen und eindeutiger Verwandtschaft zusammengefasst sind.

Sorte, s. a. *Varietät*.
Eine in Kultur entstandene Varietät; die Sorten sind meist aus Züchtungen hervorgegangen. Sortennamen werden durch einfache Anführungsstriche oben gekennzeichnet und mit großem Anfangsbuchstaben geschrieben.

Stacheln
Zur Bewehrung bilden Rosen Stacheln oder weiche Stachelborsten aus. Es sind Auswüchse des Rindengewebes, die im Gegensatz zu Dornen leicht abzubrechen sind.

Staubblatt
Männliches Fortpflanzungsorgan aus einem Staubfaden (kleinem Stängel) und einem Staubbeutel, der aus zwei Theken besteht, aus denen der Blütenstaub fällt.

Tragblatt
Modifiziertes Blatt, aus dessen Blattachsel der Blütenstand hervorgeht.

Unbewehrt
Ohne Dornen oder Stacheln.

Varietät, s. a. Sorte
lat. *variare* (variieren). Unterteilung einer Art, die Individuen mit vererblichen Merkmalen zusammenfasst. Varietäten entstehen in der Natur und unterscheiden sich durch wenige Merkmale, sie sind weder räumlich noch zeitlich voneinander getrennt.

Veredelungsunterlage
Name für einen Wildling (für die Rosen: die Hunds- oder Heckenrose *Rosa canina*), auf dem man den Pfropfreis aufsetzt.

Wasserschössling
Volkstümlicher Name für den Wurzelaustrieb der Veredelungsunterlage, der sich auf Kosten der veredelten Varietät entwickelt.

Wurzelschössling, s. a. Ausläufer. Ein Rosenstock (oder jede andere Pflanze) treibt Wurzelschösslinge, wenn das Wurzelsystem neue Triebe bildet, die sich spontan vermehren.

Züchter
Bezeichnung für eine Person, die durch künstliche Befruchtung eine Sorte erhält und sie amtlich registrieren lässt. Die Registrierung von Warenzeichen, die für Sorten beantragt werden kann, ist ein durch das Gesetz geregeltes Verfahren. Heute werden Züchtungen gesetzlich geschützt.

Register

Fettgedruckte Ziffern beziehen sich auf die Fotos; gewöhnliche Ziffern auf den Text.

Öffentliche Rosarien und private Gärten, die besucht werden können:

In Deutschland

Deutsches Rosarium VDR im Westfalenpark, 44139 Dortmund
Europarosarium Sangerhausen, 06526 Sangerhausen
Rosarium im Park von Schloss Wilhelmshöhe, 34131 Kassel

In Frankreich

Roseraie du Val-de-Marne, 94240 L'Haÿ-les-Roses
Roseraie de Saverne, 67700 Saverne
Botanischer Garten der Stadt Lyon, 69006 Lyon
La Bonne Maison, 69350 La Mulatière
Roseraie de Berty, 07110 Largentière
(www.roseraie-de-berty.fr.st)
Roseraie de Morailles, 45300 Pithiviers-le-Viel
('Roses Anciennes d'André Ève')

In Italien

Fondation Fineschi, Cavriglia, San Giovanni Valdarno, Toskana

In England

Mottisfont Abbey Rose Garden, Hampshire

In Dänemark

Rosenplantenskolen I Love, 4270 Hong

Legende

Frostresistenz:

*** = winterharte Rosensorte, nicht frostempfindlich (rustikale Rose)

** = leicht frostempfindlich, unter –8°C Risiko von Frostschäden (halb-rustikale Rose)

Blütezeit:

NR = nicht remontierend, einmalblühend

Gut remontierend = wiederblühend oder öfterblühend, mindestens ein zweiter Nachflor

Sehr gut remontierend = öfterblühend bis dauerblühend

Duft:

*** = sehr intensiv duftend

** = intensiv duftend

Bibliografische Information
Der Deutschen Bibliothek
Die Deutsche Bibliothek verzeichnet diese Publikation in der Deutschen Nationalbibliografie; detaillierte bibliografische Daten sind im Internet über http://dnb.ddb.de abrufbar.

Titel der Originalausgabe: *Roses*
Erschienen bei Éditions du Chêne – Hachette Livre

Deutsche Erstausgabe

Ein Unternehmen der La Martinière Groupe

Gestaltung: Nancy Dorking
Satz: satz & repro Grieb, München
Druck: Tien-Wah Press
Printed in Singapore
ISBN 3-89660-296-9

www.knesebeck-verlag.de